思政元素与《名著阅读》内容融合方式研究

胡梦娜 何庆龄 袁 航 著

中国国际广播出版社

图书在版编目（CIP）数据

思政元素与《名著阅读》内容融合方式研究／胡梦娜，何庆龄，袁航著. -- 北京：中国国际广播出版社，2024.7. --ISBN 978-7-5078-5602-6

Ⅰ. H193.9

中国国家版本馆 CIP 数据核字第 2024MT2384 号

思政元素与《名著阅读》内容融合方式研究

著　　者	胡梦娜　何庆龄　袁　航
责任编辑	张娟平
校　　对	张　娜
封面设计	万典文化

出版发行	中国国际广播出版社有限公司
电　　话	010-86093580　010-86093583
地　　址	北京市丰台区榴乡路 88 号石榴中心 2 号楼 1701
邮　　编	100079
印　　刷	唐山唐文印刷有限公司

开　　本	787 毫米×1092 毫米　1/16
字　　数	200 千字
印　　张	11. 25
版　　次	2025 年 1 月第 1 版
印　　次	2025 年 1 月第 1 次印刷
定　　价	78. 00 元

PREFACE 前　言

随着教育现代化的加速发展，如何在高等教育中实现思政教育的深入和创新成为一个重要的研究和实践课题。名著不仅是文化传承的载体，更是实现思想政治教育的重要资源。

本书以马克思主义教育理论为指导，结合习近平总书记对思政教育的指示精神，系统探讨了名著阅读与思政教育内容融合的理论与实践，通过分析古典名著在思政教育中的价值元素，以及具体实践中的融合策略，为高校思政课教师提供一种全新的教学视角和方法。

在具体内容上，本书首先详细阐述了思政教育的理论框架，从思政教育的发展历程、当代思政教育的特点与要求，到思政教育在学校教育中的角色与功能，全面建立理论基础。接着，本书将马克思主义教育理论与习近平总书记的思政教育指示精神相结合，深入分析名著阅读与思政融合的理论支持，探讨国内外学者在此领域的研究成果与理论观点，为理论与实践提供丰富的参考。接下来本书探讨了名著阅读在教学中的价值与功能，包括教育价值、品格形成与批判性思维培养等方面。此外，书中还详细讨论了古典名著的思政教育价值元素，如公民道德教育理念的蕴含、内容的丰富及教育方法的扩充。在实践策略方面，本书提出了与名著阅读融合的多种策略，如名著选择的原则与标准、理论联系实际的融合方式，以及情感态度价值观的培育方式。这些策略旨在帮助教师更有效地将思政元素与名著阅读结合，提升教学的针对性和实效性。最后，本书通过具体的名著案例，如《红楼梦》和《西游记》，展示了思政教育与名著阅读融合的实际应用，为教师提供了具体的实践示例和启发。

通过本书的阅读，教育工作者可以获得一种全面而深入的理解，通过名著阅读实现思政教育的目标，同时激发学生对文学的兴趣，培养其社会责任感和道德判断力，实现文化传承与思想启迪的双重目标。

作　者
2024 年 6 月

CONTENTS 目 录

第一章　思政教育理论框架

思政教育，全称为思想政治教育，是我国教育体系中的一项核心内容，旨在通过教育传递社会主义核心价值观，培养学生的道德观念、政治立场和历史观。这种教育形式不仅关注学生的知识学习，更侧重于塑造学生的世界观、人生观和价值观。思政教育的主要目的是培养符合社会主义建设需要的合格公民，促进学生全面发展，确保国家的长远稳定与发展。

第一节　思政教育的发展历程

思政教育在我国教育系统中占据极其重要的地位。自改革开放以来，中国政府一直强调思政教育的重要性，认为这是维护国家意识形态安全和政治稳定的关键。在当前全球化和信息化迅速发展的背景下，思政教育被视为一种重要的手段，用以增强青少年的国家认同感和社会责任感，使他们能够在复杂多变的国际环境中坚守本国立场。

此外，思政教育也是实现学生个人价值与社会价值的桥梁。通过思政课程和相关活动，学生能够系统地学习中国的历史、文化和社会主义现代化建设的成就，增强自豪感和归属感。这种教育方式帮助学生建立正确的世界观，指导他们在实际生活中做出符合社会主义核心价值观的决策。

一、思政教育的历史起源

思政教育，即思想政治教育，是通过教育传达政治理念、塑造公民身份、加强国家意识形态的一种教育形式。在中国，思政教育从古至今一直发挥着重要的角色，其形式和内容随着历史的变迁而演进。

（一）早期的思想教育：从古代儒家教育到近现代的启蒙思想

在古代中国，儒家教育作为主流教育形式之一，其影响深远。儒家思想强调

"仁、义、礼、智、信"等核心价值观的培养，这些价值观在当时社会中扮演了重要的规范和引导作用。自汉武帝时期起，儒家思想被确立为官方意识形态，并逐渐演化成为维系国家统治和社会秩序的哲学基石。在此基础上，所有后续的中国皇朝都将儒家教育作为培养官员和学者的基本教育方针。

科举制度的实施进一步推广了儒家教育的影响，使其不再局限于社会精英。通过这一制度，来自不同社会阶层的人都有机会通过考试进入官僚体系，这不仅提升了儒家教育的普及性，也增强了其在社会各阶层中的影响力。科举考试强调文学和道德教育，考生需要熟练掌握儒家经典，展现其道德品质和管理能力。

到了近现代，随着西方文化和思想的输入，中国传统的教育体系面临新的挑战和机遇。19世纪末至20世纪初，中国的启蒙思想家，如康有为和梁启超，开始提出对传统教育体系的批判与改革建议。他们倡导儒家教育的现代化，提出应更多地吸收西方的科学和民主理念。康有为的《大同书》和梁启超的教育改革论述，都极大地推动了中国教育的变革，引入了更多元化的教育内容，如自然科学、政治学和经济学，这些变革为后来的新文化运动和现代教育制度的建立奠定了基础。

这一时期的思想教育变革不仅仅是教育内容和方法的简单更迭，更是一场深刻的文化和社会革命。它不仅改变了中国的教育方向，也促进了社会观念的现代化，为中国的现代化进程添加了重要的一环。

（二）新中国成立后（1949年以后）思政教育的确立与初期发展

在这一时期，思政教育不仅限于传统的学校教育系统。政府还将思政教育扩展到职工和农民中，确保所有社会成员都能接受到党的方针政策的教育和引导。此举意在通过教育和培训，将全民统一到社会主义建设的大业中。

教育内容的改革包括课程的重新设计，其中马克思主义的基本原理、毛泽东思想成为学习的核心内容。政治理论课成为学校课程的必修科目，而各级教育机构都设立了相应的政治教育部门来确保教育方针的实施。除了理论学习，思政教育还强调实践活动，如学生参与社会服务和社会主义建设项目，以实际行动培养他们的集体主义精神和社会责任感。

此外，为了加强思政教育的效果，政府还倡导红色文化的普及，通过电影、戏剧、歌曲和其他文化产品来宣传社会主义的价值观和理念。这些文化产品不仅丰富了民众的精神生活，也成为传播社会主义核心价值观的重要手段。

通过这些综合措施，新中国的思政教育在确立和发展阶段取得了显著成效，为社会主义现代化建设培养了一代又一代忠诚的建设者和接班人。这种教育模式确保了政治理念的连续传承和国家发展的稳定性，为中国的快速发展奠定了坚实的基础。

二、改革开放以来的发展与变革

（一）1978 年改革开放后思政教育的调整与重建

1978 年改革开放是中国历史上的一个重大转折点，不仅仅在经济领域引发了深远的变革，同时也对教育体系特别是思政教育带来了根本性的挑战和机遇。这一时期，思政教育经历了一系列重要的调整与重建，旨在更好地适应经济开放和社会变革的新环境。

随着市场经济的引入和国际交流的增加，原有的思政教育内容和方法显得不再完全适应新的社会经济条件。因此，教育部门开始重新审视和修订思政教育的课程和教学方法。教育改革的首要任务是更新教育内容，使之与时代发展的步伐保持一致，同时强化社会主义核心价值体系，确保思政教育能够继续发挥其在培养社会主义现代化建设者和接班人中的基础性作用。

在教学方法上，改革开放后的思政教育开始更多地强调批判性思维和独立思考的培养。这一转变意在培养学生能够自主分析和解决问题的能力，以适应快速变化的经济和社会环境。思政课程不再局限于传统的知识灌输，而是鼓励学生参与更多的讨论和实践活动，从而提高他们的实际操作能力和创新精神。

此外，思政教育也更加注重理论与实际的结合。教育部门积极将中国特色社会主义理论与当代中国的实际情况相结合，重视解决实际问题的能力培养。这包括对国内外政治经济形势的分析教学，以及对如何在社会主义市场经济条件下维护社会主义核心价值观的探讨。

为了使教育内容更加贴近实际，更加符合时代需求，思政教育还加大了对国际视野和全球问题的关注。通过比较不同国家的发展模式和策略，教育学生理解和把握国际规则，增强在复杂国际环境中进行有效沟通和操作的能力。

总之，改革开放后的思政教育调整既是对传统教育模式的一种批判和超越，也是对新时代背景下教育内容和方法的一种创新和发展。这一系列的调整和重建使思政教育更加具有前瞻性和实效性，为中国培养出了一批又一批既有坚定理想信念又有开放创新能力的新时代青年。

（二）21 世纪初，对思政课程的现代化与国际化探索

随着 21 世纪的到来，全球化的深入发展和国际交流的持续扩大对中国的思政教育提出了新的挑战和机遇。在这样的背景下，中国开始积极探索思政课程的现代化与国际化，意在将更广泛的国际视野和普世价值观融入传统的思政教育框架中。这种探索主要体现在两个方面：一是教学内容的更新，二是教学方式的创新。

在教学内容上，思政课程开始涵盖全球化背景下的经济、文化和政治现象，如国际政治经济秩序、全球环境问题、跨国文化交流等，这些内容的加入不仅丰富了课程结构，也提高了学生对国际事务的理解和敏感性。此外，教材中也开始引入国际人权、全球公民意识等普世价值，引导学生思考和评估不同国家和文化之间的相似性与差异性。

在教学方式上，思政教育趋向于采用更开放和互动的形式。教室内的辩论、研讨会和模拟联合国等活动变得更加普遍，这些活动不仅鼓励学生就全球性问题表达自己的观点，还锻炼了他们的批判性思维和公共演讲技巧。通过这种方式，学生能够在辩证的讨论中形成自己对国际事务的独立看法，增强跨文化沟通的能力。

这些变化使思政教育不再局限于传授特定的政治理论或意识形态，而是扩展到如何在全球化的语境下理解和应对世界性的挑战。通过这种现代化与国际化的双重探索，思政教育旨在培养学生的国际视野和全球责任感，为他们适应和参与日益全球化的世界做好准备。这不仅是对传统思政教育方法的一种补充，也是对其内容和目标的一种必要的扩展。

（三）信息技术的运用与思政教育的创新方法

随着信息技术的快速发展，思政教育领域也迎来了前所未有的变革。数字化工具和平台的应用正在重新定义思政教育的传播方式，使其更加现代化、高效和互动。通过利用数字化教学平台、在线课程、社交媒体和移动应用，思政教育能够跨越传统的地理和时间限制，实现全天候、全方位的教学和互动。

例如，许多教育机构已经开始利用在线视频平台进行思政课程的教学，学生可以随时随地通过网络观看课程视频，参与在线讨论。这种模式不仅扩大了教育的覆盖面，也增加了学习的灵活性，使学生能够根据自己的时间安排自主学习。此外，社交媒体的使用也极大地促进了师生之间及学生相互之间的交流和讨论，为思政教育提供了一个开放的讨论平台，增强了学生的参与感和互动性。

信息技术特别是大数据分析和人工智能的运用，为思政教育带来了个性化教学的可能。通过分析学生在线学习的行为数据，教师可以精确地把握每个学生的学习进度，掌握程度和兴趣点，从而提供更为针对性的教学资源和指导。例如，如果发现某一部分学生在理解某个理论概念上存在困难，教师可以调整教学策略，采用更多的案例分析、互动讨论或模拟演练等方法，来帮助学生深入理解。

此外，虚拟现实（VR）和增强现实（AR）技术的引入，正在开启思政教育的新篇章。通过这些沉浸式技术，学生可以直观地体验历史事件、模拟社会实践或探索不同的社会和文化场景，这种生动的学习体验有助于加深学生对思政教育内容的理解和记忆。

总之，信息技术的广泛应用不仅提高了思政教育的互动性和趣味性，也为教育者提供了更多工具和方法来适应不断变化的教育需求。这些技术的创新运用，无疑将继续推动思政教育向更高效、更个性化、更动态的方向发展。

第二节　当代思政教育的特点与要求

思政教育不仅关注知识的传授，更重视价值观的培育和行为规范的建立。在中国，思政教育以马克思主义为指导，结合中国的实际情况和传统文化，强调培养学生的社会主义核心价值观。其目的在于通过教育使学生树立正确的世界观、人生观和价值观，确保青年一代能够为社会的发展和国家的长远计划贡献力量。

在当代全球化和信息化背景下，思政教育显示出更为突出的重要性。信息的多元化和观念的多样化给传统价值观带来挑战，尤其是青年群体更容易受到各种文化和价值观的影响。在这种情况下，加强思政教育可以帮助青年树立正确的价值导向，增强文化自信和国家认同感。同时，思政教育也是应对国际竞争和复杂局势的重要手段，通过教育增强国家凝聚力和社会稳定，确保国家安全和社会主义现代化建设的顺利进行。

一、当代思政教育的特点

（一）内容的现代化

当代思政教育中，内容的现代化是一个核心议题，特别强调社会主义核心价值观的培养和传播。这些价值观包括诚信、和谐、公正和自由等，它们不仅深植于中国的传统文化中，也是现代社会公民所需具备的基本品质。通过将这些价值观深入人心，思政教育旨在塑造有道德、有责任感的公民。

此外，教育内容与中国特色社会主义理论体系的最新发展紧密结合，确保学生能够理解和把握国家的政策方向和战略目标。这种结合方式不仅限于理论的学习，更强调在实践中的应用，涵盖了从经济建设到文化建设，从国家治理到法治社会的全面深化改革。例如，通过案例研究和实地调查，学生可以直观地理解改革开放以来中国发展的成就与挑战，增强他们对国家发展战略的认识和支持。

随着环境问题的日益严峻，环境保护和可持续发展的教育也被纳入了思政教育的重要内容。通过课程学习，学生不仅了解到环保的重要性，还学习如何在日常生活中实践可持续的生活方式，从而培养起对环境的责任感和保护意识。这部分内容常通过互动活动、社会实践和志愿服务等形式进行，使学生能够在参与中学习和体验环境保护的实际意义。

总体而言，内容的现代化使得思政教育更加符合时代需求，不仅提升了学生的个人素质，也加深了他们对社会、国家乃至全球问题的理解和关注。这种教育模式的更新是对传统思政教育内容的扩展和深化，旨在为中国乃至世界的可持续发展培养出更多有能力、有责任感的年轻人。

（二）方法的多样化

随着教育技术的发展和学习需求的多样化，思政教育的教学方法也在不断创新和进化。传统的教室教学已经逐渐融合了在线教育元素，形成了一种有效的混合教学模式。这种模式结合了面对面的交互和网络平台的便利性，极大地增加了教育的灵活性，可以更好地适应不同背景和需求的学生。

在这种教学模式中，互动性和学生参与感被特别强调。例如，通过小组讨论，学生可以在辩论中锻炼思辨能力和表达能力；通过角色扮演活动，学生能够从多角度理解和体验社会角色，增强理论与现实的联系。这些方法不仅加深了学生对思政教育内容的理解，还激发了他们的兴趣和探索欲。

此外，案例教学和实践活动的广泛应用也是当前思政教育方法多样化的一个重要方面。教师会选取具体的社会事件或历史案例进行深入分析，帮助学生理解复杂的社会和政治问题。通过社会实践和志愿服务等活动，学生可以直接参与到社会服务中，将课堂上学到的理论知识应用于实际情境，从而更全面地理解和掌握这些知识。

这种方法的多样化不仅提升了思政教育的教学效果，也帮助学生发展了解决问题的能力和社会责任感。通过实践中的学习和反思，学生能够更好地将个人发展与社会进步相结合，为成为有责任感的公民打下坚实的基础。

（三）对象的广泛性

当代思政教育在对象上的广泛性是其显著特征之一。传统上，思政教育主要集中在学校教育中的学生群体。然而，随着社会发展和信息时代的到来，思政教育的受众已经明显扩展，涵盖了广大工作人员和社会公众，包括企业职员、公务员、农民工及自由职业者等多种职业背景的人士。

这种扩展主要表现在教育内容的多样化和途径的创新。政府和教育机构针对不同年龄层和职业的特定需求设计了多样的课程和活动。例如，对于在职人员，可能会提供关于职业道德、法律法规及国家政策的短期课程或在线学习模块，使其能够在工作之余参与学习，不断提升自身的政治意识和职业素养。

此外，思政教育也通过社区活动、公开讲座、互动研讨会等形式，向社会公众普及社会主义核心价值观和国家政策。这些活动往往更加注重实际应用，如通过模拟社会实践活动或社区服务项目，让参与者能够直接体验和实践学习内容，从而更深入地理解和接受思政教育的核心理念。

此外，随着数字化和网络技术的发展，思政教育的传播途径也变得更为广泛。通过网络平台、社交媒体和移动应用程序，思政教育能够覆盖到更广泛的人群，增强其互动性和实时性。这使得思政教育能够适应不断变化的社会环境，更有效地与公众沟通，提升其在全社会中的影响力和覆盖面。

总之，思政教育的对象广泛性不仅提升了其教育的有效性，也使得其更具包容性和针对性，能够满足不同群体的教育需求，从而在整个社会中形成更广泛的正面影响。这种全民范围的教育方式对于培养具有共同价值观和认知的社会成员，维护社会稳定和谐具有重要作用。

（四）教育覆盖的全面性

在思政教育的框架下，教育覆盖的全面性是确保教育质量和效果的关键因素之一。全面性要求思政教育不仅涉及广泛的知识领域，包括政治、经济、社会、文化和历史等，还必须关注学生的全面发展，包括思想道德、科学文化、心理健康和社会实践能力。

1. 知识教育的全面性

思政教育首先必须保证知识教育的全面性，确保学生能够系统地学习和掌握社会主义核心价值观和中国特色社会主义理论。这包括对中国革命、建设和改革开放的历史全景进行教学，以及对当代中国发展中的重大理论和实践问题的深入解析。通过全面的知识教育，学生不仅能理解国家的过去和现在，还能展望未来。

2. 道德教育的全面性

思政教育的全面性还体现在对学生道德素质的塑造上。通过教育引导学生树立正确的世界观、人生观和价值观，培养他们的社会责任感、集体荣誉感和法制观念，这一过程中，教育者需要用具体案例、历史事件来深化学生的道德认知，使他们能在现实生活中做出符合社会主义道德要求的选择。

3. 心理健康教育的全面性

随着社会的发展，学生面临的心理压力和挑战也在增加。因此，思政教育需要关注学生的心理健康教育，帮助他们建立积极的生活态度和有效的压力应对机制。心理健康教育应涵盖自我认知、情绪管理、人际关系和未来规划等方面，使学生能够在快速变化的社会环境中保持心理平衡和发展个人潜能。

4. 社会实践的全面性

社会实践是思政教育不可或缺的组成部分。教育工作者通过组织学生参与社会服务、志愿活动、实习实训等形式，使他们将所学知识与社会实际相结合，增强解决实际问题的能力。社会实践不仅能加深学生对理论知识的理解，还能培养他们的团队协作能力和创新能力。

通过上述全面的教育措施，思政教育能够全方位地覆盖学生的成长需求，从而培养出德智体美劳全面发展的社会主义建设者和接班人。

（五）技术的整合

随着信息技术的飞速发展，思政教育领域也在积极整合新技术，以提高教育的质量和效率。数字化教学资源，如在线课程、互动软件和虚拟现实技术，已经成为常用工具，它们不仅丰富了教学内容，还增加了学习的互动性和趣味性。例如，通过虚拟现实技术，学生可以身临其境地体验历史事件或模拟社会活动，这种沉浸式学习极大地增强了学生的学习体验和理解深度。

社交媒体和新媒体的广泛应用也极大地扩展了思政教育的影响范围。通过这些平台，教育者不仅可以发布教学内容，还可以与学生进行实时互动，及时回应学生的疑问和讨论。此外，社交媒体允许教育内容以更加生动和易于理解的形式呈现，如通过教育视频、图表和动画等，这些形式更容易吸引学生的注意力并提高信息的传播效率。

技术进步还表现在大数据和人工智能的应用上。通过分析学生的学习行为数据，教育者可以更好地了解学生的学习习惯和优劣势，据此调整教学策略和内容。例如，人工智能可以根据学生的学习进度和表现推荐个性化的学习资源，帮助学生在困难领域获得更有针对性的支持。这种个性化的学习方式不仅提高了学习效率，也增加了学习的个人化体验。

综上所述，技术的整合不仅极大地提高了思政教育的吸引力和教学效果，也为教育实现更广泛的社会影响和更深入的个性化教学提供了可能。通过这些技术的应用，思政教育能够更加有效地适应当代学生的需求和社会的发展趋势。

二、当代思政教育的要求

当代思政教育面临多样化和复杂化的挑战，需求不断变化。为适应这些变化并有效实施教育任务，当代思政教育应遵循以下几个关键要求。

（一）坚持党的领导

在中国的思政教育体系中，坚持党的领导是其核心原则之一。这一原则不仅确保了教育方向和政策的正确性，也是推动教育改革和发展的关键力量。通过强化这一点，思政教育可以有效地培养学生的社会主义核心价值观，同时保证他们在道德、智力、体质等方面的全面发展。

1. 确立教育的政治方向

坚持党的领导首先表现在明确思政教育的政治方向上。党的领导为思政教育提供了明确的价值导向和行动指南，确保教育活动与国家的长远目标和社会主义现代化建设同步。在教育实践中，这意味着党的理论和路线方针政策要通过教育内容的形式广泛传播，使学生能够从小树立正确的世界观、人生观和价值观。

2. 引导教育内容的实施

党的领导在思政教育中还具体体现在教育内容和方法的选择上。通过设立相关教育政策和课程标准，党确保教育内容不仅反映时代需求，还要符合社会主义建设的要求。这包括对历史、法律、道德等教育内容的精心编排，确保它们能够正确传达党的理念，并激发学生的爱国情怀和社会责任感。

3. 监督和评估教育成效

为了保证思政教育的质量和效果，党的领导还包括对教育实践的监督和评估。这一过程确保了教育活动的正确性和有效性，通过定期的评估和反馈机制，教育部门可以及时调整教育策略和内容，解决在教育实施过程中遇到的问题。这种监督不仅限于教育机构和教师的表现，也包括学生的学习成果和行为表现。

4. 培养符合社会主义建设需要的人才

坚持党的领导的最终目的是培养能够适应社会主义建设需要的合格人才。这些人才不仅在知识和技能上要精通，在思想政治素质上还要与党和国家的发展同步。通过系统的思政教育，学生可以发展成为有能力、有担当的社会主义建设者和接班人。

总之，坚持党的领导是中国思政教育的根本保证，它通过确立教育的政治方向、引导教育内容的实施、监督和评估教育成效及培养符合社会主义建设需要的人才，全面提升思政教育的质量和效果，确保教育活动的正确方向和社会目标的实现。

（二）理论与实际相结合

当代思政教育中，理论与实际的紧密结合是至关重要的，这不仅增强了教学的实用性和生动性，还有助于学生更好地理解和运用所学知识。在这一教育模式中，理论学习不仅限于课堂讲授，更重要的是将这些理论知识与学生的实际生活和社会现实紧密联系。

为了实现这一目标，思政教育可以采用多种方法将理论与实践相结合。首先，案例研究是一种有效的教学工具，它允许学生探讨和分析现实世界中的具体事件或问题。通过这种方式，学生可以看到理论在实际中的应用，并学习如何在类似情境下进行决策和分析。例如，教师可以选取国内外的政治事件或社会变革案例，让学生通过团队讨论和角色扮演来深入分析，从而更全面地理解理论内容。

此外，将学生引导参与社区服务或社会调查等实践活动，也是理论与实践结合的一种重要形式。这些活动使学生有机会直接参与到社会问题的解决中，将课堂上学到的理论知识应用到具体的社会实践中，如参与社区环保项目、社会福利活动或公民权益保护等。这种参与不仅有助于学生建立社会责任感，还能提升他们解决实际问题的能力。

更进一步，思政教育还可以通过模拟演练和实战演习等形式，让学生在模拟的环境中运用所学的政治和法律知识，如模拟联合国、国内外政策辩论等。这类活动不仅提升了学生的批判性思考能力和公共表达能力，也加深了他们对复杂社会政治现象的理解。

综上所述，理论与实际的结合不仅增强了思政教育的吸引力，还极大提高了教育的实效性，使学生能够在实践中学习和成长，更好地为未来的社会生活和职业发展打基础。

（三）全面性与精准性

在思政教育的实践中，全面性与精准性是两个互补的重要原则，它们共同确保教育活动的有效性和适应性。全面性要求思政教育的内容应涵盖所有必要领域，从政治理论、历史、法律到社会责任等，形成无缝衔接的、完整的教育体系。这种全面覆盖保证了学生能从多方面接收到均衡的教育资源，帮助他们构建一个多元且坚实的知识框架。

然而，单靠全面性还不足以应对不同学生的个体差异，这就需要精准性的配合。精准性强调教育活动需要针对不同的群体，尤其是不同学生的背景，进行个性化的教学设计。例如，根据学生的学习兴趣，教育者可以选用更符合他们兴趣的案例或者教学方式，使得学生能够更加积极地参与学习过程。同时，考虑到学生的生活经验和未来的职业规划，教育内容和方法的调整应确保能够为学生提供他们真正需要的知识和技能。

为实现这一点，教育者可以利用调查问卷、学生访谈、学习分析工具等手段来收集相关数据，从而更好地了解学生的个人背景和需求。这种数据驱动的教学策略不仅可以提高教学内容的相关性，也增强了学生的学习动机和成就感。

综合全面性与精准性的应用，思政教育可以更有效地促进学生的全面发展，同时确保每位学生都能在教育过程中得到个性化的关注和支持，最终达到提高整体教育质量的目的。这种教育方法不仅回应了现代教育的挑战，也符合教育公平和效率的双重要求。

（四）开放性与包容性

在全球化迅速发展的当今时代，开放性和包容性成为思政教育中不可或缺的要素。这两个原则不仅反映了现代教育的基本趋势，也是培养未来全球公民的关键条件。

开放性在思政教育中体现为鼓励学生开放思维，积极接纳和探索新的观点与思想。这种教育方式促进了学生的创新能力和批判性思考，使他们能够在多样化的信息源中形成独立见解，并且能够对各种社会与政治现象进行深入分析。例如，通过讨论当前的全球问题、模拟国际会议或参与全球化话题的研讨，学生可以在实践中学习如何表达自己的观点，同时理解并尊重他人的立场和意见。

包容性则要求思政教育在内容和方法上包容不同文化和观念。这可以通过引入多元文化内容、组织跨文化交流活动或与国外教育机构合作进行学术交流来实现。教师在课程中加入世界各地的历史事件、政治体系、文化习俗等内容，不仅可以增进学生对不同文化背景的理解，还可以培养他们的全球视野和国际合作能力。此外，学校通过邀请外国讲师，组织国际学生交流等方式，学生能直接与不同文化背景的人士交流互动，从而学会在尊重和理解的基础上进行文化的交流与融合。

开放性和包容性的实践，使得思政教育不再局限于传统的教学范畴和地域，而是变得更加动态和互动。这种教育理念的推广有助于培养出能够在多元化世界中独立思考、创新并尊重他人的现代公民，为全球化时代的挑战做好准备。

（五）持续性与更新性

思政教育的有效性在很大程度上依赖其内容和方法的持续性与更新性。在不断变化的社会和技术背景下，只有不断更新和调整教育策略，才能确保思政教育与时俱进，有效地传达和塑造社会主义核心价值观。

首先，教育者需要定期更新教材和教学资源。随着新的社会政策的制定、历史事件的发展及科技的进步，原有的教育内容可能不再完全适应当前的教育需求。因此，教育者引入最新的研究成果和实践经验，不仅可以提供最前沿的知识，还能激发学生的学习兴趣，增强思政教育的吸引力，如可以通过整合当前国内外政治经济形势的最新动态，让学生更直观地理解理论与实践的联系。

其次，持续跟踪学生的学习效果和收集反馈至关重要。通过定期的评估和反馈机制，教育者可以了解思政教育的实际影响，识别教学中存在的问题，及时调整教学方法和内容。这不仅有助于提高教学质量，还能确保教育活动对学生有持续的正面影响。例如，可以利用在线平台进行学生学习行为的数据分析，通过学生参与度、成绩变化和课后反馈等多维度信息来评估教学效果。

最后，教育者应积极探索和采用新的教学技术和方法。随着信息技术的快速发展，数字化教学工具、虚拟现实（VR）技术和人工智能（AI）等新兴技术为思政教育提供了新的可能性。这些技术不仅可以使教学更加生动有趣，还能提供更个性化的学习体验。例如，通过 AI 技术，可以根据学生的学习进度和风格定制个性化的学习计划，使思政教育更加精准有效。

总之，思政教育的持续性与更新性是保证其长期有效性的关键。通过不断更新教育内容、调整教学策略和采用新技术，思政教育能够更好地适应社会的发展，培养出更多符合新时代要求的优秀公民。

这些要求共同构成一个高效和响应时代需求的当代思政教育框架，旨在培养能够适应快速变化社会的有责任感的公民。

第三节　思政教育在学校教育中的角色与功能

随着全球化影响的加深和信息技术的发展，思政教育面临着前所未有的挑战和机遇。国内外的政治经济形势、文化交流及科技进步都对思政教育的实施和效果产生了影响。因此，探究如何使思政教育与时俱进，更好地服务于当代中国的国家发展战略和社会主义现代化建设，是此项研究的重要目标。

一、思政教育在学校教育中的核心角色

（一）党的路线方针政策的传播者

在中国的思政教育体系中，一个核心职责是作为党的路线方针政策的传播者。这项任务对于培育具有社会主义核心价值观的公民极为关键，它确保所有教育活动都与国家的政策和发展目标保持一致，从而加强国家意识形态的凝聚力和指导力。

1. 确保教育内容与国家政策一致

作为党的路线方针政策的传播者，思政教育需要确保所有教育内容都与党的决策和方针政策保持一致。这包括教育政策、课程内容、教材编制，乃至教学方法的设计，都要体现出党的理论和实践的最新成果。通过这种方式，学生能够从基础教育阶段开始就深入理解和接受社会主义核心价值观和中国特色社会主义理念。

2. 培养学生的政策理解和执行能力

思政教育不仅仅是传达党的方针政策，更重要的是培养学生理解、分析和执行这些政策的能力。这包括教授学生如何在复杂的社会环境中正确解读政策背后的意图，

如何将这些政策与日常生活和即将面临的职业挑战联系起来。此外，思政教育还要引导学生学会批判性思维，不仅要理解政策的表面意义，更要探究其深层次的社会和经济联系。

3. 加强与时代发展的同步更新

作为党的政策传播者，思政教育的内容和方法都需要不断更新，以适应时代变化和社会进步的需要。这意味着教育者和制定者必须对国内外政治经济形势有深刻的理解和敏锐的洞察力，确保教育内容不仅反映当前的政策方向，同时也预见未来可能的调整。通过这种动态更新，学生可以更好地准备接受和参与未来的社会和经济发展。

4. 强化政策传播的实效性

为了提高政策传播的实效性，思政教育需要采取多种教学手段和传播策略。这可能包括但不限于讲座、研讨会、模拟政策制定和执行环境及使用新媒体和技术手段进行互动学习。这样的多样化教学方法不仅可以增强学生的学习兴趣，还可以提高他们对政策的理解深度和实际应用能力。

总之，作为党的路线方针政策的传播者，思政教育在确保国家发展方向和社会稳定中起着至关重要的作用。通过全面而深入的政策教育，学生可以培养出对国家发展有贡献的思想观念和实际行动能力。

（二）价值观的塑造者

在学校教育体系中，思政教育扮演着至关重要的角色——价值观的塑造者。通过精心设计的课程内容和教师的教学活动，思政教育不仅传授知识，更重要的是致力于培养学生的社会主义核心价值观。这些价值观包括爱国、敬业、诚信、友善等，都是构建和谐社会不可或缺的基本道德标准。这些价值观的培养，不仅塑造学生的个人品德，也为构建社会主义现代化国家打下坚实的基础。

此外，思政教育的目标还包括帮助学生形成正确的世界观、人生观和价值观。这不仅意味着教育学生理解个人与社会、国家之间的关系，还包括引导他们理解和拥护社会主义道路、理论体系和制度。例如，通过解读中国特色社会主义理论的发展，学生可以更好地理解国家的政策方向和发展目标，从而增强国家认同感。

在教学方法上，思政教育强调理论与实践的结合。教师不仅在课堂上讲解理论知识，更通过组织辩论、角色扮演、社会实践等多样的教学活动，使学生在实际活动中深化对理论的理解和应用。这种教学策略不仅让思政课更加生动和具有吸引力，也帮助学生将学到的价值观和理论知识应用于现实生活中，实现知行合一。

思政教育还着重培养学生的批判性思维能力，使其不仅接受传统的价值观，更能主动思考和解决现实问题。通过讨论当前的社会问题、全球挑战及其对未来的影响，学生能够更全面地考虑如何将个人发展与国家及全球发展相结合。

综上所述，思政教育作为价值观的塑造者，通过多元化的教学内容和方法，不仅塑造学生的个人道德，还努力引导他们形成全面的世界观和人生观，为其成长为负责任的公民奠定坚实的基础。

（三）知识与思维方式的传授者

作为知识与思维方式的传授者，思政教育在教授政治理论知识方面发挥着核心作用，确保学生不仅理解国家的政策和法律框架，而且通过深入学习这些内容，增强他们对政治现象的敏感性和鉴别能力。这种教育方式致力于装备学生识别和解读政治语境中的复杂性和动态变化，帮助他们在政治和社会问题上形成信息化和理性的看法。

更进一步，思政教育特别强调批判性思维和独立思考能力的培养。在教学过程中，不仅提供事实和理论，教育者还引导学生探讨和质疑这些信息，鼓励他们对已有知识进行批判性分析。例如，通过案例研究和问题解决的教学方法，学生被激励去深挖背后的原因、影响和潜在的解决策略。这种教学策略使学生在面对不同的观点和情境时，能够独立思考，从而进行理性分析和做出独立的判断。

此外，通过团队合作和辩论，学生有机会在现实生活的模拟情境中实践这些技能。这不仅增强了他们的沟通能力，还锻炼了他们在辩证的讨论中保持批判性思维的能力。在这些活动中，学生学会如何基于证据构建论点，如何评估不同的策略，以及如何在群体决策中表达和调整自己的观点。

总之，思政教育作为知识和思维方式的传授者，不仅仅是传递信息的渠道，更是促进学生批判性思维、独立判断和理性分析能力发展的平台。通过这种方式，学生能够形成坚实的知识基础和强大的思维能力，为未来的学术追求和职业生涯奠定坚实的基础。

（四）社会责任与公民意识的培育者

思政教育在塑造学生的社会责任感和公民意识方面发挥着至关重要的作用。这一教育不仅关注学生作为个体的成长，也强调他们作为社会成员的责任和角色。这种教育的双重聚焦帮助学生理解并实践他们的公民职责，从而更好地服务于社会和国家。

首先，思政教育在法治教育方面起到了基础性的作用。通过系统的法律教育，学生不仅学习到遵守法律法规的重要性，还了解到法律在现代社会中的基础作用，包括如何通过法律途径维护自身合法权益和解决社会冲突。例如，通过课堂讲授、案例分析及模拟法庭等教学活动，学生可以深入理解法律的应用和重要性，这些活动帮助学生建立起正确的法治观念。

其次，思政教育还通过多种方式强化学生的服务意识和奉献精神。通过组织学生参与志愿服务活动、社区支援项目及公共事务的讨论和筹划，教育机构不仅提供了实践公民责任的平台，也使学生能够实地感受和学习如何为社会做出贡献。这些活动不仅培养了学生的组织、领导和团队协作能力，更重要的是，它们加深了学生对自身在社会中角色的理解和认同。

最后，思政教育也促进学生对国家发展和社会进步的深入了解。通过讲解国家的发展战略、历史成就及未来挑战，学生能够更好地认识到个人与国家之间的关系，增强其国家认同感和责任感。此外，通过国际视野的拓展，学生还能够理解全球责任和国际合作的重要性，培养成为具有全球视野的公民。

综上所述，思政教育作为社会责任与公民意识的培育者，通过一系列的教育实践和活动，不仅增强了学生的个人能力，更深化了他们对自身社会责任的理解和承担。这种教育为培养负责任和有贡献的公民提供了坚实的基础，对个人及整个社会都具有深远的影响。

二、思政教育的具体功能

思政教育在培养合格公民和推动社会发展中扮演了多方面的角色。以下是思政教育的四大具体功能，体现了其在现代社会中的重要性和实用价值。

（一）凝聚功能

思政教育的首要功能是增强学生的国家认同感和民族自豪感，这是通过系统地传授国家的历史、文化遗产及革命传统来实现的。在这个过程中，学生不仅学习到了关于祖国的重大历史事件和文化成就，还对国家发展的不同阶段和重要人物有了深入了解。这种教育方式帮助学生深刻理解自己的根源和身份，从而增强对国家和民族的归属感。

此外，思政教育还承担着建立社会主义集体主义精神的核心职责。这不仅意味着强调个人利益与集体利益的统一，而且通过教育学生学会为共同的社会目标和集体的福祉作出贡献。课程中通过讲述那些为国家和民族利益奋斗牺牲的英雄事迹，强化这种集体主义精神，教育学生认识到他们的个人命运与国家和民族的未来密切相关。

在实际教学中，教育者利用多种教学工具和方法，如纪录片、访谈、实地考察等，使学生能够更直观地感受历史和文化的魅力，更深刻地体会到集体主义的价值。此外，组织纪念活动、节日庆典和文化展览等，不仅丰富学生的校园生活，也让他们在实践中体验和传承民族文化，增强国家认同感。

因此，思政教育的凝聚功能不仅是通过传授知识来实现的，更通过激发情感、塑造价值观和促进社会实践来增强学生的民族自豪感和对社会的责任感。这种功能的实施对于培养具有历史使命感和社会责任感的新时代青年具有重要意义，是实现国家长远发展和社会和谐的基石。

（二）引导功能

思政教育的引导功能是其核心特征之一，它通过道德教育和价值观的塑造，系统地对学生进行道德规范的引导。这种教育不仅着眼于知识的传授，更重视品德的养成和行为的规范，帮助学生建立起符合社会主义核心价值观的道德体系。

首先，思政教育通过各种教学活动培养学生的社会责任感、诚信、公正及尊重和宽容等基本道德品质。例如，教育者通过课堂讨论、角色扮演和社会实践等多样化的教学方法，使学生在面对具体情境时能够学以致用，如在小组合作中体现诚信，在社会实践中展现责任感，在多元文化的交流中学习尊重和宽容。这些活动不仅教会学生如何在日常生活中应用这些道德规范，还帮助他们理解这些行为准则背后的深层价值。

其次，思政教育还旨在帮助学生形成积极向上的人生态度和行为习惯。通过正面的教育信息和榜样的力量，思政课程鼓励学生树立正确的成功观和价值观，培养他们面对困难与挑战时的坚韧不拔和积极进取。例如，通过学习革命历史或现代中国的发展故事，学生可以从中吸取精神营养，激励自己为理想和目标不懈努力。

最后，思政教育的引导功能也体现在促进学生的社会参与和公共精神的培养。教育者引导学生认识到，作为社会成员，他们有责任通过实际行动促进社会的和谐与进步。这包括参与志愿服务、环保活动及公共政策的讨论等，这些活动不仅有助于学生的个人成长，也使他们成为能够为社会做出积极贡献的公民。

总之，思政教育的引导功能深刻影响了学生的道德发展和行为习惯，通过培养学生的社会责任感、道德规范和积极人生态度，使其在未来的学习、工作和生活中能够成为有责任、有贡献的社会成员。这不仅促进了个人的全面发展，也为社会的长远和谐与繁荣奠定了基础。

（三）防范功能

在当前快速变化的信息时代，思政教育承担着至关重要的防范功能。这一功能主要表现在预防和抵制各种不良思想和行为的侵蚀，特别是那些可能破坏社会稳定和青少年心理健康的极端主义、虚无主义等思潮。通过系统的教育活动，学生能够增强思想自觉和判断能力，这不仅使他们有能力识别各种不健康的社会影响，还能积极地抵御这些影响。

为了有效地实现这一功能，思政教育在课程设计上融入了关于思想道德建设的内容，强调理性批判的重要性，并通过实例教学让学生了解这些不良思想的具体危害。同时，课堂讨论、辩论赛和角色扮演等教学方法被广泛使用，以提高学生的参与感和思考深度，从而更好地锻炼他们的独立思考和批判性分析能力。

此外，随着互联网和社交媒体的普及，网络空间的意识形态安全教育变得尤为重要。思政教育中加强对网络信息评估的教学，教育学生如何识别和处理网络上的虚假信息、偏见言论及潜在的网络诱导。教育者通过开展网络安全知识的教育，让学生理解如何安全上网，如何保护自己的个人信息不受侵犯，以及如何成为负责任的网络公民。

通过这些措施，思政教育的防范功能不仅帮助学生建立起正确的价值观和世界观，还能够有效地保护他们免受不良信息的影响，确保他们在健康和积极的环境中成长。这对于培养能够适应社会发展需要的新一代青少年具有重要意义，是实现社会长期稳定和谐的关键因素。

（四）创新功能

思政教育的创新功能不仅是其教育目标之一，也是其教学方法的重要组成部分。这种功能体现在激发学生的创新精神和实践能力上，通过培养批判性思考、问题解决和创新思维，极大地促进了学生的个人能力发展。

首先，思政教育通过不同的教学策略和活动，鼓励学生挑战传统观念，培养他们的批判性思考能力。课堂上，教师不仅传授知识，更提供问题导向的学习情景，鼓励学生对现有的社会和政治理论提出疑问和批判，从而培养他们独立思考的能力。例如，通过辩论、研讨会或模拟政策制定过程，学生可以学习如何分析问题，提出解决方案，并对可能的结果进行预测和评估。

其次，思政教育也强调实际操作能力的培养，鼓励学生将理论知识应用于实践中。

通过参与社会实验、项目设计和社区服务等活动，学生能够在真实的社会环境中测试和改进他们的创新想法。这些经历不仅提升了他们解决复杂社会问题的能力，也增强了他们对自己学习成果的自信。

最后，思政教育通过介绍国家的创新成就和文化繁荣，激发学生对未来贡献自己的热情和动力。课程包括中国在科技、经济和文化领域的重大进展和成就，这些内容不仅让学生感受到国家发展的活力，也激励他们为推动社会主义文化的进一步繁荣而努力。学生们被鼓励去思考和探索如何将个人的兴趣和专长与国家的需求相结合，寻找创新的途径来解决现实问题。

综上所述，思政教育的创新功能是多方面的，不仅仅局限于知识的传授，更重视如何将这些知识转化为实际操作能力，以及如何激发学生的创造潜能和参与社会实践的积极性。通过这些教育实践，思政教育为学生提供了成为未来创新者和积极公民的坚实基础。

总之，思政教育通过这些多方面的功能，不仅培养了学生的个人品德和能力，也为社会的整体进步和国家的长远发展提供了坚实的基础。

第二章　名著阅读与思政融合的理论支撑

第一节　马克思主义教育理论

马克思主义教育理论源于 19 世纪中叶，当时欧洲社会正处于资本主义快速发展的阶段，社会矛盾日益尖锐化。马克思和恩格斯通过对资本主义社会的深刻分析，发展出一套涵盖政治、经济和社会理论的体系，其中也包括对教育的看法和理论。他们认为，教育是社会基础结构的一部分，其形式和内容由社会经济基础决定。从那时起，随着马克思主义理论的全球传播，各国学者和政治家不断发展和适应这一教育理论，以符合各自国家和社会的具体条件。

一、马克思主义教育理论的核心原则

马克思主义教育理论中的核心原则，即教育的社会性和阶级性，提供了一个深刻的视角来理解和构建教育系统。根据马克思主义的观点，教育不仅仅是知识和技能的传递过程，更重要的是，它是塑造个体社会意识的关键手段。这种理论认为，教育的根本任务是培养能够理解、参与并推动社会变革的公民。

（一）社会性原则

马克思主义教育理论强调教育不仅应符合整个社会的发展需求，特别是劳动人民的利益，而且应在教育体系中体现并促进社会公平与进步的价值观。这种教育观点提倡教育不应局限于技术技能和专业知识的简单传授，而应更广泛地包括培养学生的批判性思维能力。批判性思维是指能够系统地分析和质疑社会结构及其运作机制的能力，这种能力使学生能够深刻理解社会动态，并积极参与到社会改革和发展中去。

此外，马克思主义教育理论还强调理论与实践的结合。这意味着教育不仅仅停留在理论的传授上，而是应该鼓励学生将所学的理论知识运用到实际生活中，特别是用

于解决现实世界中的具体问题。

教育的这种实践导向不仅有助于学生更全面地发展个人能力，还能培养他们成为积极参与社会的公民。学生在这一过程中不仅学会了如何运用知识解决问题，还能学会如何在复杂的社会环境中做出道德和伦理的判断。这样的教育模式鼓励学生发展成为既有深厚专业知识又有强烈社会责任感的人才，从而为社会的持续进步和公平正义做出贡献。

（二）阶级性原则

马克思主义深刻地揭示了教育系统的阶级性，指出教育不仅是知识的传递，更是社会阶级关系的反映。根据马克思主义的分析，教育系统往往被设计来反映并服务于统治阶级的利益，这在教育资源分配的不平等和教育机会的阶级差异中表现得尤为明显。这些不平等现象通常体现在优质教育资源主要集中在社会经济地位较高的群体手中，而较低阶层的学生则因资源匮乏而难以享受同等的教育机会。

从马克思主义的视角出发，教育不应被视为加剧社会分层的工具，而应成为促进社会平等的力量。这要求教育体系进行根本性的改革，确保教育的普及和公平，让所有人，无论其社会经济背景如何，都有机会获得高质量的教育。这种改革不仅涉及教育资源的再分配，也包括教育内容和教学方法的革新，使之更加关注普通大众，特别是劳动人民的需求和利益。

具体而言，教育内容的改革应当注重培养学生的批判性思维和社会责任感，鼓励他们对现有社会结构进行质疑和反思。教育方法上，教育者应采取更加开放和包容的教学策略，如合作学习和项目式学习，这些方法能够促进学生之间的互助与平等，有助于打破传统教育中的竞争与排他性。

此外，提供平等的教育机会也意味着要消除进入不同教育阶段的障碍，如通过提供奖学金、学费减免和教育补助等措施，帮助经济条件不足的学生完成学业。这样的政策不仅有助于个人才能的发展，更是实现社会全面进步和公平的重要步骤。

通过这些综合措施，教育可以真正成为推动社会平等和正义的重要力量，帮助每一个个体实现其潜能，充分参与并贡献于社会生活。这种教育的理念和实践是马克思主义教育理论对当代教育改革的核心贡献。

二、马克思主义教育理论的基本内容

（一）教育的目的

马克思主义教育理论强调教育的根本目的在于解放个体，使之成为社会发展的积极推动者。这种观点深刻地揭示了教育与个体自由之间的内在联系。

1. 教育作为一种解放的工具

马克思主义赋予教育一个深刻的社会变革功能，将其视为实现个体解放的关键工具。在这一理论框架中，教育的目的远超过简单的知识和技能传递，它深入启发思考、批判现有的社会结构，并激励进行社会变革的层面。马克思主义认为，真正的教育应该启发个体不仅接受现实的世界观，而且能够批判性地理解并质疑这个世界，包括其经济和社会结构的各个方面。

通过这种教育，个体将被赋予独立思考的能力，这不仅是学习事实和理论的能力，更是对这些事实和理论背后的社会意义和影响进行分析和评估的能力。这种能力的培养使得个体能够识别并挑战那些导致社会不平等和压迫的结构，进而推动社会朝向更加公正和平等的方向发展。

教育在马克思主义中的角色是双重的：它不仅是解放个体的工具，使他们能从传统束缚、社会偏见和经济压力中解脱出来，而且是促进整个社会向前进步的催化剂。通过教育，人们学会怀疑和反思，不再盲目接受既定的社会秩序，而是开始寻求改变这些秩序，以便创造一个更为公正的社会环境。这种对社会结构的深刻理解和批判是马克思主义教育理念的核心，它鼓励每一个人成为不仅能够理解世界，而且能够改变世界的主体。

2. 教育与经济基础的关系

根据马克思的理论，教育系统不仅仅是知识传递的场所，而且它构成了社会的上层建筑，与经济基础紧密相连。这种联系意味着，教育的形式和内容在很大程度上受到经济结构的影响，反映了特定历史时期的经济和社会关系。因此，教育系统既是经济结构的产物，又是维护或变革这种结构的重要手段。

从马克思主义的视角来看，教育的主要功能之一是为社会经济系统培养和准备劳动力。这包括传授必要的技术技能和知识，以使个体能够适应和满足经济发展的需求。然而，马克思主义教育理论赋予教育更深远的社会职责——通过启发思考和批判能力的培养，教育能够培育出具有挑战现存经济和社会结构能力的人才。

马克思主义认为,真正的教育应该超越简单的职业训练,使学生意识到自己在社会生产中的角色,并激发他们对于现有社会秩序的批判性思考。这样的教育能够培养学生不仅为社会现有的经济需求服务,而且能够理解并参与到社会经济结构的改革中去,推动社会向更加公平和合理的方向发展。

因此,马克思主义教育理论强调教育的双重功能:一方面,通过符合经济需求的培训和教育,保证社会的经济运行和发展;另一方面,通过培养独立思考和批判的公民,为社会变革提供动力。这种教育理论呼吁教育不只是适应社会,更应成为改变社会的力量,促进整个社会结构的转型与进步。

(二) 教育的本质

马克思主义教育理论进一步深入探讨了教育的本质,揭示了教育与社会发展和阶级结构之间的复杂关系。教育在马克思主义理论中被视为社会结构的一个关键组成部分,它不仅深刻地反映了社会的发展状态,还在推动社会进步和变革中扮演着至关重要的角色。从这一理论视角出发,教育的目的远超过传授基础知识和职业技能,它应该积极支持社会的整体发展,包括科技进步和文化繁荣。

教育应当促进创新和科技的发展,通过整合科学教育和研究,激发学生的创新精神和科技创造能力。这不仅有助于推动科技前沿的拓展,也能为经济发展提供持续的动力。同时,教育应致力于文化的保存与传承,通过文学、艺术、历史和哲学等领域的深入教学,培养学生的文化素养和审美能力,从而促进文化的多样性和繁荣。

更重要的是,马克思主义强调教育在对抗社会不平等和不公正现象中的作用。教育应成为消除社会阶级差异和不平等的工具,通过提供平等的教育机会,帮助不同背景的个体获得向上流动的可能。教育制度的设计和实施应该旨在打破经济和社会壁垒,确保所有人,无论其出身和经济条件,都有机会接受优质教育。

此外,教育的发展和改革需要与社会经济发展的目标相协调。这意味着教育制度不仅要适应当前的社会需求,更应具有前瞻性,能够预见未来的挑战和需求。这包括对技术变革的响应,如数字化和自动化的趋势,以及全球化带来的新要求,如全球公民意识的培养和国际合作能力的提升。

通过这样全面而深入的教育视角,马克思主义不仅为当前教育实践提供了批判和反思,也为未来教育的方向和内容提供了指导,强调教育应致力于构建一个更加公正、平等和繁荣的社会。

总结来说,马克思主义教育理论提供了一个全面理解教育的目的、本质及其在社会结构中角色的框架，强调教育不仅是知识传递的场所，更是社会公正和个体解放的重要途径。

三、马克思主义教育理论的实践应用

（一）教育与生产劳动的结合

马克思主义教育理论强调理论知识与实际应用的紧密结合，特别是将教育与生产劳动相结合。这种结合不仅有助于学生更好地理解所学知识的实际意义和应用，还能增强他们的实践能力和创新思维。

1. 理论与实践的结合

在教育过程中，将理论学习与实践活动有效结合是极为关键的。这种结合不仅仅是教育的一个方面，而提升教育效果的重要手段，特别是在应用科学和技术学科中更是必不可少。通过将课堂理论与实际操作相结合，学生能够更全面地理解知识，看到理论在实际中的应用，并通过这种应用来深化他们的理解。

具体来说，实验、项目作业和实习等教学形式为学生提供了将理论知识应用于真实世界情境的机会。例如，科学实验不仅帮助学生验证课本中的理论，还激发他们的探索精神和创新意识。通过亲手操作和观察实验结果，学生能够直观地看到抽象理论的具体表现，这种体验是单纯理论学习所无法比拟的。

项目作业则通常要求学生应用多方面的知识来解决一个较为复杂的问题。这种方式强调跨学科的知识整合和实际应用，使学生必须动用批判性思维和创造性思维来找出解决方案。同时，项目作业也鼓励团队合作，增强学生之间的协作能力。

实习经验更是将理论与实践的结合推向了一个新的层次。在实习中，学生置身于真实的工作环境，不仅可以将自己的理论知识用于实际工作，还能从中学习到课堂外的职业技能和工作态度。这种经历对学生未来的职业发展具有深远的影响，能够显著提高他们的就业竞争力。

总之，通过将理论学习与实践活动结合，教育过程不仅更加贴近实际，也更能激发学生的学习兴趣和创新潜能。这种教育模式有助于培养学生的综合能力，使他们在未来的学习或职业生涯中能更好地解决问题和创造价值。

2. 学校教育与生产实践的结合

将学校教育与生产实践紧密结合是实现教育与社会需求对接的重要策略。这种结合通常涉及教育系统与本地企业、工业界的合作，旨在为学生提供实际工作环境中的实习和培训机会。通过这种合作，学生不仅能够将在课堂上学到的理论知识应用到真实的工作场景中，还能从中获得对行业流程、职业标准和工作文化的深刻理解。通过与企业合作，教育机构可以直接了解行业的最新需求和技术动态，从而及时调整课程设置和教学内容，使之更符合市场的实际需要。这样的教育更具针对性和前瞻性，能够极大提高学生的就业率。实习和培训机会使教育内容不再局限于书本知识，而是扩展到实际技能的培养。这种实用性的提升有助于学生毕业后能够迅速适应工作环境，减少企业在新员工培训上的时间和成本投入。

（二）全球化背景下的教育公平

在全球化的大背景下，教育公平成为国际关注的焦点。马克思主义教育理论指出，努力消除教育资源分配的不平等是实现教育公平的关键。

1. 解决教育资源不均问题

解决教育资源分配不均的问题是实现教育公平的关键步骤。这一挑战要求政府与社会各界携手合作，通过一系列立法和政策调整，确保每个孩子——无论他们来自何种社会经济背景——都能接受到同等质量的教育。这种努力涉及多个层面，包括资金分配、教育资源的优化配置及教育技术的普及。

首先，政府需通过立法确保教育投资的公平性，特别是针对那些位于偏远地区和贫困区域的学校。这可能包括增加对这些地区学校的直接资金支持，以改善其基础设施、教学设备和招聘更多或更有资质的教师。此外，政府可以提供特别的教育补助，用于购买教学材料、科学实验设备和图书资源，这些都是提高教育质量的关键因素。

其次，现代教育工具的支持对于缩小教育资源差距同样至关重要。通过提供互联网接入和数字学习工具，偏远或资源不足的学校能够利用在线资源和虚拟教室，使学生能够接触到更广泛的教育资源。例如，通过视频教学和在线课程，学生可以从全国乃至全球的顶尖教师那里学习，这一点对于学科知识的深化和视野的拓宽尤为重要。

最后，政府和私营部门可以合作开发适用于教育的技术解决方案，如学习管理系统、互动软件和定制的教育应用程序，这些工具可以极大地增强学习体验并提供个性化的学习路径。这种技术的应用不仅提高了教育的可及性，也提高了其包容性和效果。

综上所述，通过这些综合措施，可以有效解决教育资源不均的问题，从而推动教育公平的实现。这不仅有助于每个孩子实现其潜能，也为社会的整体进步和繁荣打下坚实的基础。

2. 提高教育质量和可及性

提高教育质量和可及性是实现教育公平和提升国家竞争力的关键因素，为此必须不断优化和更新教育体系，确保它既开放又包容，能够满足各种背景学生的需求。在这个过程中，教育者要利用现代技术，特别是在线教育资源和远程教学技术。

（1）在线教育资源扩展

采用在线教育资源意味着可以通过互联网提供高质量的教学内容，包括视频讲座、互动课程和电子教科书等。这些资源使得学生不受地理位置的限制，可以随时随地访问最新的教学材料和先进的学术研究。例如，顶级大学如麻省理工学院和斯坦福大学提供的公开课程（MOOCs），允许全球学生免费或以极低成本访问其课程，这极大地提升了教育的可及性和资源的均衡性。

（2）远程教学技术开发

远程教学技术的开发则进一步拓宽了教育的边界，使得即使是居住在偏远地区的学生也能享受与城市学生同等的教育机会。通过视频会议软件、虚拟教室和在线协作工具，教师能够与学生进行实时交流，实施个性化教学，及时解答学生疑问，调整教学策略以适应学生的学习进度和风格。此外，这些技术还支持创建虚拟实验室和模拟环境，学生可以在安全的虚拟环境中进行实验操作和技能练习，这在医学、工程学和自然科学等领域尤为重要。

（3）教育体系持续优化

为了真正实现教育的高质量和广泛可及，还需要对教育体系进行持续的优化和改进。这包括改革教育政策，确保教育资源的公平分配；提升教师的职业发展和教学技能；更新教育评估和监测系统，以反映更加全面和公正的教育成果。此外，鼓励社区和家庭参与教育过程，强化学校与社区的联系，也是提升教育质量的有效途径。

总之，教育者通过综合利用在线教育资源、远程教学技术和持续的教育体系优化，可以有效提高教育质量和可及性，确保每个学生都能获得优质教育，从而为个人发展和社会进步打下坚实基础。

第二节　国内学者的相关理论

国内学者对思政教育的研究始于新中国成立之初，当时的研究主要集中在如何利用思政教育工具进行国民思想的统一和社会主义建设的推广。进入改革开放后，随着社会主义市场经济的发展和国际交流的增多，思政教育的内容和方法也在不断创新和发展，研究逐渐从单一的政治教育扩展到道德教育、法治教育、文化教育等多领域。

近年来，随着互联网和全球化的影响，国内学者开始关注思政教育在新媒体环境下的传播效果和青少年的价值观快速变化。研究领域从传统的课堂教学模式转向更多元化和互动性强的网络教育模式。同时，学者们也在探索如何在全球化背景下保持国家文化的持续性和稳定性，如何处理西方教育理念与中国传统教育之间的关系等问题。

一、主要理论观点

（一）现代思政教育理论的发展

现代思政教育理论的发展反映了对传统教育模式的持续反思和对教育目的的深化理解。在这个过程中，一些关键的理论观点特别受到重视和讨论。

1. 新自由主义教育理论的批判

新自由主义教育理论在全球教育领域占据了显著地位，其核心主张是通过市场化和私有化手段提高教育系统的效率与竞争力。该理论支持使用市场导向的机制，如学校选择、教育券及对教育机构进行性能基准测试。其目的在于通过竞争激发教育质量的提高，鼓励教育机构像企业一样追求效率和创新。然而，新自由主义教育理论的广泛应用也引发了激烈的争议和批判。

批评者指出，新自由主义教育理论深受其经济利益优先的哲学影响，这种理念在教育领域的实施往往导致教育的商业化，忽视了教育本应承担的社会与道德责任。教育市场化强调的效率和竞争导致资源向已经表现良好的学校集中，加剧了不同学校之间、不同社会群体之间的教育不平等。这种不平等反映在学生的入学机会、教育质量以及最终的学业成就上，较低收入家庭的孩子往往因为资源匮乏而难以获得高质量的教育。

此外，新自由主义教育理论还被批评为过分强调技能和知识的经济价值，而忽视了培养学生的批判性思维、创造力及公民责任感等方面。教育不仅仅是生产劳动力的工具，更是推动社会公正、培养全面发展的个体的重要场所。在思政教育领域，这种批判尤为重要，因为思政教育的核心在于培养有道德、有理想、有责任感的公民。

因此，对新自由主义教育理论的批判有助于教育工作者和政策制定者重新思考教育的本质和目标。教育应当更加注重公平性和包容性，确保每个孩子无论背景如何都能获得高质量的教育。同时，思政教育需要重视培养学生的社会意识和责任感，教育的成功不应仅仅通过经济成果来衡量，更应通过学生作为社会成员的整体贡献来评价。这要求教育政策不仅要追求效率，更要强调公正和人的全面发展。

2. 全面发展教育理论

全面发展教育理论是对传统教育模式的重要补充和扩展，它提倡在教育过程中关注学生的整体成长，而非单一地侧重于知识和技能的传授。这种教育模式认为，学生的道德、情感、身体、社交能力等多方面的发展同样重要，这些方面的培养对学生适应未来社会具有至关重要的作用。全面发展教育理论强调，教育的核心目的是培养全面发展的个体，使之成为具有创造力、批判性思维和社会责任感的公民。

在现代思政教育的实践中，全面发展教育理论提出了新的要求和挑战。传统的思政教育往往重点在于价值观的灌输和理想信念的树立，但全面发展教育理论认为，这种教育方式需要进一步扩展，不仅要教授学生如何思考，更要关注他们的情感和道德发展，以及如何与社会互动。这种教育理念鼓励教育者采取更为灵活和包容的教学策略，如通过项目基础学习、服务学习等方法，让学生在解决现实问题的过程中学习并实践社会主义核心价值观。

此外，全面发展教育理论也强调学生个性的发展。这意味着教育应当尊重学生的独特性，为他们提供发展个人兴趣和才能的空间。通过提供多样化的课程选择和丰富的课外活动，教育机构可以帮助学生探索自我，发现并培养自己的潜能。这种教育方式有助于培养学生的自主性和独立性，使他们在未来的学习和工作中能够自信地面对挑战。

批判性思维的培养也是全面发展教育理论中不可或缺的一环。通过开放式的讨论、辩论和批判性分析训练，学生可以学会如何分析信息、权衡不同观点并做出理性判断。这种技能的培养对于学生理解复杂的社会问题、形成独立见解及在未来的职业生涯中做出有效决策至关重要。

综上所述，全面发展教育理论对现代思政教育提出了全新的视角和实践要求，强调教育应致力于培养学生的多方面能力，以适应快速变化的全球化世界。这种教育模式不仅有助于学生在知识上的积累，更重要的促进了学生作为社会成员的全面成长，为他们未来的成功和社会的进步奠定了坚实的基础。

3. 批判教育理论与思政教育的结合

批判教育理论起源于对教育实践中存在的不平等和压迫的深刻反思，主张教育应成为解放和变革的工具。这一理论由保罗·弗莱雷等教育哲学家提出，强调教育的解放潜能，对抗传统教育体系中的官僚主义和权威主义。在思政教育中，引入批判教育理论对教育内容和方法的革新产生了深远影响。

首先，批判教育理论促使思政教育重新考虑其目标和实践方式，从单纯的知识灌输转变为培养学生的批判性思维和独立性。通过分析和批判现有的社会、政治和经济结构，思政教育不仅传递知识，而且培养学生对社会不公现象的敏感度和批判能力。这种教育使学生能够识别社会中的不平等和压迫问题，并具备挑战和改变这些问题的能力。

其次，结合批判教育理论的思政教育更加强调引导学生主动思考和质疑现存体系。教育过程中，教师和学生之间的互动更加开放和平等，鼓励学生表达自己的看法，对传统观念和现实问题提出质疑。这种互动不仅促进了学生批判性思维的发展，也帮助他们形成了解决问题的创新方法。

最后，批判教育理论的应用在思政教育中还强化了培养有社会责任感的公民的重要性。这种教育鼓励学生认识到个人与社会的关系，了解个人行动对社会变革的影响，从而积极参与到社会公正和民主进程中。通过这种方式，思政教育不仅塑造了学生的个人品德，还激励他们为创造更加公正和平等的社会贡献力量。

综上所述，批判教育理论与思政教育的结合不仅丰富了教育的内涵，提高了教育的实效性，也为培养新时代具有独立思考能力和强烈社会责任感的公民提供了坚实的理论和实践基础。

这些理论的发展和应用，使得现代思政教育不仅仅是知识的传递，更是一种深刻的社会实践，旨在培养既符合社会主义核心价值观又具备独立人格和批判精神的现代公民。

（二）教育方法与实践创新

案例教学法在思政教育中的应用已成为增强教学互动性和提升学生理解力的重要手段。这种教学方式通过选取与学生生活密切相关的实际问题，将抽象的政治理论具体化，使学生能够在真实的社会背景中看到理论的直接体现和实际效用。

1. 实施方式

案例教学法通常涉及几个关键步骤。教师需要精心挑选或设计案例，确保它们不仅与教学大纲相符合，而且能够引发学生的兴趣和思考。案例的选择通常基于其教育价值及对当前社会政治热点问题的相关性。一旦选定案例，教师则介绍背景知识，设置讨论问题，引导学生进行深入分析。

2. 教学实践

在课堂上，学生被鼓励主动参与到案例讨论中。教师的角色是作为引导者和促进者，他们通过提问、挑战学生的观点或引入新的信息，来刺激课堂讨论。此外，学生们被要求扮演不同的角色，如政策制定者、批评家或受影响的公民，以多角度审视问题。这种方法培养了学生的批判性思维，使他们学会从多方面评估情况，并考虑复杂问题的多重影响。

3. 教育效果

案例教学法特别适用于思政教育，因为它促进了学生对社会政治现象的深入理解。通过亲身参与案例分析，学生能够更好地理解政治理论和实践之间的联系，增强了他们对社会问题的敏感性和责任感。例如，通过研究具体的环保政策案例，学生不仅能学到政策的制定过程，还能理解政策对环境和社会的长远影响。

此外，案例教学法通过增加学生参与度，提高了他们的动机和兴趣。学生在讨论中形成的互动更加有助于记忆和理解复杂的概念和理论。它也鼓励学生形成自己的观点，并学会在公共讨论中表达和捍卫自己的看法。

综上所述，案例教学法通过将理论与实际结合，使思政教育更加生动和实用。这种方法不仅增强了学生的学习体验，而且通过提供深刻的社会洞察，帮助学生发展成为具有高度社会责任感和道德判断力的公民。随着教育实践的不断进步，案例教学法在思政教育中的应用将继续扩展，为培养未来的社会主义建设者和接班人提供坚实的教育基础。

（三）信息技术与思政教育的融合

随着信息技术的飞速发展，思政教育正在经历一场革命性的变革。从数字化教学资源的开发、在线教育平台的建设到社交媒体的广泛应用，这些技术的集成不仅拓展了思政教育的传播范围，也极大丰富了教育的形式和内容。这种技术与教育的深度融合，为思政教育带来了前所未有的活力和效率。

首先，数字化教学资源使得思政教育可以突破传统的时间和空间限制。利用在线平台，教育者可以发布视频讲座、多媒体教材和互动式学习任务，学生不受地理位置限制，即可随时随地接触到高质量的教学内容。这种方式不仅提高了学习的灵活性，也使得思政教育能够覆盖更广泛的受众。

其次，通过社交媒体和互动平台的利用，思政教育的互动性和参与感得到了极大提升。教师和学生可以在虚拟空间中进行实时讨论，共同分析和解决问题。例如，利用虚拟现实技术，教师可以创建模拟的社会政治场景，学生可以在这些仿真环境中进行角色扮演，亲身体验和学习相关的社会政治知识，这种沉浸式学习方式能够极大地提高学习效果和学生的参与度。

再者，大数据和人工智能技术的应用正在改变思政教育的个性化教学。通过收集和分析学生在在线学习平台上的行为数据，教师可以准确了解每个学生的学习进度、兴趣偏好及其理解能力。这些信息可以帮助教师调整教学策略，针对不同学生的需求提供个性化的指导和资源，从而优化学习成果。

最后，信息技术还促进了思政教育的创新和研究。教育者可以利用网络平台收集大量的教学反馈和学术资源，快速响应教育政策的变化，及时更新教学内容和方法。这种动态的教学环境不仅增强了教育的时效性，也为教育研究提供了丰富的数据支持。

综上所述，信息技术的融入为思政教育带来了多方面的革新，不仅拓展了教育的界限，增强了互动性和个性化，而且提高了教育的实用性和科学性。随着技术的进一步发展，思政教育将继续在创新的道路上深入探索，更好地服务于社会主义现代化建设。

（四）互动式与参与式教学方法

互动式与参与式教学方法在思政教育中的运用，旨在强化学生的主动参与和提升教师与学生间的互动效果。这种教学方式通过引入小组讨论、角色扮演、辩论赛等多种形式，不仅激发学生的思考和表达，还增强了课堂的动态互动性。这些活动的设计使学生能够积极探索社会主义核心价值观在当代社会的应用与挑战，从而更加深刻地理解这些价值观的深远意义。

通过小组讨论，学生可以在相互交流中锻炼和提高自己的思辨能力与语言表达能力。这种形式鼓励学生表达个人观点，同时学习倾听他人的见解，促进了多角度的思考和深层次的理解。角色扮演则提供了一个模拟实际社会角色的平台，学生可以通过扮演不同的社会角色，体验并分析各种社会、政治情境下的决策过程和道德困境。这种方法帮助学生将抽象的道德和政治理论具体化，增强了学习的实际应用性。

辩论赛作为一种竞争性和对抗性的学习活动，尤其能够激发学生的积极性。通过正反双方的激烈辩论，学生能够锻炼快速思考和应变能力，同时也能深入理解复杂问题的多维度性质。辩论赛强调逻辑清晰和论据充分，促使学生在准备过程中广泛查阅资料，批判性地分析问题，从而提升其研究和论证的能力。

更重要的是，这些互动式与参与式的教学活动能够有效培养学生的团队协作能力和社会责任感。在小组合作中，学生需要学会协调意见、共同决策和分工合作，这不仅是学术能力的提升，更是个人社交技能的锻炼。同时，通过集体讨论和角色扮演，学生可以更实际地感受到个人行为对集体和社会的影响，从而增强社会责任感。

总之，互动式与参与式教学方法通过增强学生的主动性和互动性，不仅使思政教育过程更加生动和有效，还帮助学生在实际活动中成长，在学习中掌握必要的社会实践技能。这种教学方式是思政教育创新发展的重要方向，有助于培养具有批判性思维和社会责任感的现代公民。

综上所述，教育方法与实践的创新不仅丰富了思政教育的教学手段，也提高了教育的效果，帮助学生在更广阔的视野中理解和接受社会主义核心价值观，为培养合格的社会主义建设者和接班人打下坚实的基础。

（五）文学类课程思政教育研究

在高等教育领域，文学类课程因其深厚的人文价值和丰富的情感表达，被认为是思政教育的重要载体。学界对文学类课程在思政教育中的应用进行了广泛研究，探讨如何有效地利用文学作品来培养学生的价值观、道德观念和社会责任感。

1. 文学与思政教育的结合

文学作品天然具有探索人性、反映社会、传达思想的功能。在思政教育中，文学不仅仅是艺术享受的来源，更是理解历史、社会和文化的桥梁。学界研究指出，通过文学教学，学生能够在情感和认知上获得共鸣，从而深化对社会主义核心价值观的理解和认同。例如，对于《红楼梦》这样的古典名著，不仅可以从艺术角度进行欣赏，还可以深入分析书中所反映的封建社会的种种矛盾，以及人物的命运选择，从而引导学生思考现实社会的问题。

2. 文学教学方法的创新

针对文学类课程的特点，学界提倡采用更多元化和互动性强的教学方法。这包括小组讨论、角色扮演、辩论赛等形式，使学生能够更加主动地参与到文学作品的解读中。通过这些活动，学生不仅能提升文学鉴赏能力，还能在讨论中锻炼批判性思维和表达能力。例如，通过模拟法庭审理《悲惨世界》中的冉阿让盗窃面包的行为，学生可以从多角度探讨法律、道德和人道主义的关系，进一步理解社会公正和个人责任。

3. 文学课程与社会责任感的培养

研究还表明，文学类课程对于培养学生的社会责任感具有独特的效果。文学作品常常通过描绘不同的社会景象和人物命运，反映社会问题和伦理冲突，为教师提供了讨论社会责任和道德选择的契机。通过深入分析文学作品中的社会现象和人物心理，教师可以引导学生思考如何在现实生活中承担起作为社会成员的责任。

总体来说，学界普遍认为，文学类课程在思政教育中具有不可替代的作用。通过对文学作品的深入教学和研究，不仅能够提高学生的文学素养，更重要的是能够通过文学的人文精神，培养学生的社会责任感、道德判断力及对社会主义核心价值观的理解和认同。未来的研究将继续探索文学与思政教育的有效结合方式，以期达到更加丰富和深入的教育效果。

二、未来研究方向

（一）新时代背景下思政教育的理论创新

在新时代的背景下，思政教育的理论创新成为提高其实效性和影响力的关键。随着中国社会经济的快速发展及国际地位的显著提升，新的社会阶层和多样化的价值观日益显现，这对传统的思政教育理论提出了更高的要求。为适应这一变化，思政教育必须在理论与实践层面进行创新，以更好地回应社会发展的需求和青年一代的期待。

1. 融合传统与现代

理论创新的首要任务是将中国深厚的传统文化与社会主义现代化建设的要求相结合。这不仅意味着要在内容上进行选择性地继承和发扬光大，也意味着在方法和形式上创新，使之更符合当代青年的接受习惯。例如，通过数字媒体将传统文化的核心价值与现代社会主义价值观结合起来，以新的叙述方式传达给年轻一代。

2. 响应全球化的挑战

全球化带来了文化多元性和思想多样性的挑战。思政教育理论创新应着眼于如何在全球化的大背景下，有效地传播社会主义核心价值观，同时尊重和包容文化差异。这需要思政教育不要局限于传统的教育模式，而要通过国际交流、比较研究等方式，开展跨文化的对话和学习，促进理论的国际化和现代化。

3. 强化价值观与认知习惯的结合

当代青年生活在一个信息化、网络化的环境中，其价值观和认知习惯与以往有很大不同。思政教育的理论创新需要针对这一代人的特点，开发更具吸引力和互动性的教育内容和方法。例如，利用互动平台和社交媒体进行思政教育，既能增强学习的趣味性，也能提高学习的效率和深度。

（二）科技进步对思政教育方法的影响

随着科技尤其是信息技术的迅速进步，思政教育领域正在经历前所未有的变革。现代科技手段，如大数据、人工智能、虚拟现实等，不仅提供了新的教学工具和平台，还推动了教育方法和内容的革新。这些技术的融入为思政教育打开了新的可能性，使其更加高效和精准。

1. 大数据在思政教育中的应用

大数据技术能够有效分析学生的学习行为、成绩变化和参与度等，为教育者提供深入了解学生需求和优化教学策略的可能。例如，通过分析大数据，教师可以识别出学生在思政教育中的兴趣点和学习障碍，据此调整教学内容，设计更符合学生需求的课程和活动。这种方法能够实现教育内容的个性化定制，增加学生的学习动力和效果。

2. 人工智能的融入

人工智能（AI）技术的应用使得教育更加个性化和自动化。AI可以帮助设计智能化的教学系统，根据学生的学习进度和表现自动调整教学难度和速度。此外，AI教师助手可以提供24小时答疑服务，帮助学生随时解决学习中遇到的问题，大大提高学习效率。

3. 虚拟现实增强体验学习

虚拟现实技术通过创建沉浸式的学习环境，极大地增强了学生对历史事件、政治理论的体验和理解。学生可以通过VR头盔，身临其境地参与历史重大事件的再现或模拟政治决策过程，这种互动性和真实感的提升使得思政教育更加生动和影响深刻。此外，VR还可以用于模拟社会实践活动，让学生在虚拟环境中学习如何应对社会问题，培养其解决实际问题的能力。

这些技术的应用不仅增强了教育的互动性和趣味性，而且通过精确的教学内容定制和个性化的学习路径优化，显著提高了教育的针对性和实效性。未来的研究需要继续探索这些技术如何更好地服务于思政教育的目标，尤其是如何利用这些技术来培养学生的批判性思维能力和社会责任感。

（三）国际比较视角下的思政教育研究

在全球化的背景下，探索和借鉴国际上不同国家的思政教育经验对于优化和提升中国的思政教育实践具有不可小觑的价值。随着世界各国教育理念和实践的交流日益频繁，通过国际比较研究，我们能够深入理解各国在思政教育领域的创新做法和挑战，从而为中国思政教育的发展提供新的视角和解决方案。

首先，西方国家的公民教育和道德教育提供了一系列值得借鉴的经验。例如，美国和欧洲国家普遍重视培养学生的批判性思维和独立判断能力，公民教育课程旨在让学生理解民主政治的工作机制及公民在社会政治生活中的角色和责任。这种教育模式强调个人权利与社会责任的平衡，促进了学生对民主价值观的认同和尊重。

其次，不同国家处理政治教育与学术自由之间关系的方式也为中国思政教育提供了重要的参考。在德国，思政教育着重于培养学生的政治意识，同时保障和尊重学术自由，强调教师和学生在遵守宪法的基础上可以自由探讨各种政治理念。这种模式有助于学生形成独立和多元的政治见解，避免教育成为意识形态的单向灌输。

最后，通过比较研究，我们不仅能学习到其他国家在思政教育上的成功经验，更能够识别和分析中国在国际化进程中面临的具体挑战和机遇。这种国际视角的引入，将有助于中国更好地理解全球思潮和教育趋势，使中国的思政教育既能坚持社会主义核心价值观，又能促进开放和包容的教育环境。

综上所述，国际比较研究为中国的思政教育提供了宝贵的外部视角和实践资源。在此基础上，中国可以根据本国的社会文化背景和政治体制，有选择地融合国际经验，从而构建既具有中国特色又符合国际化要求的现代思政教育体系。这种融合不仅能提升思政教育的质量和效果，还能增强其国际竞争力和影响力。

第三节　国外学者相关理论

在全球化加速的今天，思政教育不仅是国家治理体系和治理能力现代化的重要内容，也是全球教育对话的一部分。思政教育从国际视角来看，强调的是通过教育传递和培育一定的政治理念、价值观念与公民身份，这在不同国家具有不同的表现形式和实施策略。理解这一教育形式的国际维度，对于提高其实效性，确保其与全球价值观的一致性具有重要意义。在全球多极化、经济全球化、文化多样化和社会信息化深入发展的背景下，思政教育不仅要坚持正确的政治方向，也需要吸收国际上成功的教育理念，以培养更多具有全球视野的青年才俊。

国外学者对思政教育的研究主要集中在如何通过教育塑造公民身份、增强政治参与及促进社会整合等方面。例如，美国的公民教育侧重于培养学生的民主意识和政治参与能力，欧洲多数国家则强调培养学生对欧洲共同价值的认同感。这些研究不仅展示了思政教育在不同政治文化背景下的多样性，也反映了各国在教育目标、内容、方法等方面的差异性。

国外学者在这一领域的贡献也表现在对思政教育实践的批判性分析和理论创新上。例如，批判理论学者探讨了教育如何被用作维持或挑战现有社会结构的工具，这些研究推动了对教育角色和功能更深层次的反思和讨论。此外，国外的研究还关注到思政教育在促进社会多元化、包容性及在全球化背景下如何对抗极端主义和保护人权的作用。

通过借鉴国外在思政教育领域的研究成果和实践经验，可以为中国的思政教育提供新的视角和方法，帮助其在坚持社会主义核心价值观的同时，更好地适应全球化趋势和国际标准。这不仅有助于提升思政教育的开放性和前瞻性，也有助于促进国内外在思政教育领域的交流与合作，共同培养能够应对全球挑战的新一代。

一、主要理论流派与观点

（一）批判理论与思政教育

批判理论提供了一种深入分析和反思社会结构、文化和权力关系的方法论。在思政教育中，批判理论尤其有助于揭示和解析教育过程中的意识形态作用和文化控制机制。下面将详细探讨法兰克福学派的批判理论及班迪科特斯基对媒体文化的批判如何影响现代思政教育。

1. 法兰克福学派的批判理论在思政教育中的应用

法兰克福学派，特别是通过其代表人物如阿多诺和霍克海默的工作，强调理解文化产业如何通过媒体和娱乐工具影响社会意识形态和消费行为。在思政教育中，这种批判理论被用来分析教育体系如何可能成为复制现有社会结构和权力关系的工具。通过批判理论的视角，教育工作者可以识别和挑战那些隐藏在教育实践和内容中的资本主义和权威主义倾向。例如，教师可以引导学生批判性地分析教科书内容，挖掘其背后可能的意识形态偏见，从而培养学生的独立思考能力和批判性意识。

2. 班迪科特斯基关于媒体文化批判与思政教育的洞见

班迪科特斯基的研究重点在于媒体文化如何构建公众意识和社会现实。他指出，媒体不仅是信息的传播工具，更是塑造公众认知和意识形态的有力场域。在思政教育中应用这些观点，意味着教育者必须关注学生如何通过日常接触的电视、互联网、社交媒体等媒体来理解世界。教育者可以利用这种洞见设计课程，帮助学生发展媒介素养，学会批判性地分析媒体消息的真实性和偏见，以及这些消息是如何影响他们的价值观和行为模式的。

通过批判理论的应用，思政教育能够超越传统的知识传授功能，转向培养学生的批判意识和社会参与能力。这种教育方法鼓励学生质疑和反思，不仅仅是接受既定的知识和价值观，而是成为能够独立思考和行动的公民。通过这样的教育实践，学生能够更深刻地理解社会结构，更有效地参与社会变革。

（二）后结构主义与思政教育

后结构主义理论为理解和批判现代社会的教育结构、内容和方法提供了新的视角和工具。在思政教育中，后结构主义特别关注语言、权力和知识之间的关系及这些元素如何塑造个体和集体的认知框架。

1. 福柯关于权力与知识的论述在思政教育中的运用

米歇尔·福柯的理论核心在于权力/知识的复合体，即权力不仅通过强制或命令行使，也通过知识的形式和实践渗透到社会生活的各个方面。在思政教育中，福柯的理论帮助教育者和学者理解教育是如何作为一种权力机制来规训思想和行为的。福柯的话语分析方法被用来分析教育中的话语如何定义正统知识、边缘化异议声音并塑造社会的认知标准。

在实践中，福柯的理论促使思政教育者审视和重新构思教育内容和教学方法，以确保它们不仅传递知识，而且促进批判性思维和自主性。例如，通过分析教科书中的话语，教育者可以揭示并讨论这些话语背后隐含的权力关系，从而培养学生对权力结构的敏感性和批判性。

2. 德里达解构主义对思政教育的挑战与启示

雅克·德里达的解构主义理论强调文本内在的不确定性和多义性，主张通过揭示文本中的对立和矛盾来揭露其深层结构。在思政教育中，解构主义为教育者提供了一种挑战固有思想和价值观的工具，尤其是在处理看似自然和固定的概念（如"民族""自由"等）时。

运用解构主义，教育者可以鼓励学生探索思政教育材料中的隐含假设和未被质疑的前提。通过这种方法，学生被引导去识别和质疑那些被视为理所当然的观念，从而开发出更为复杂和批判性的思维方式。例如，在讨论"民主"这一概念时，教育者可以引导学生探讨不同文化和历史背景下民主的多种表述和实践，揭示其内在的复杂性和多样性。

总体而言，后结构主义理论为思政教育提供了深刻的批判工具，通过分析权力与知识的关系及其在教育实践中的体现，帮助教育者和学生形成更为深入和全面的理解。这种理论框架鼓励开放性的思考和对传统观念的再审视，为培养具有批判性和创造性思维的公民创造条件。

（三）自由主义教育理论

自由主义教育理论强调学生的自主性、批判性思维和个性发展，这一理论在约翰·杜威的民主教育思想和卡尔·罗杰斯的人本主义心理学中表现得尤为突出。这些理论为思政教育提供了丰富的资源，尤其在培养学生的独立思考能力和自我实现能力方面。

1. 约翰·杜威关于民主教育与思政教育的关系

约翰·杜威是现代教育哲学的奠基人之一，他的教育理论深深植根于民主主义的土壤中。杜威认为，教育首先是一个社会过程，教育的根本目的在于培育个体成为民主社会的有能力的成员。对于思政教育而言，杜威的观点强调了教育与社会实践的密切关系，主张通过教育传递民主的价值观和实践技能，如批判性思维、公民参与、道德判断等。

杜威的民主教育理念认为，学校应当成为一个小型社会，学生在其中通过实际活动学习如何交流、协作和解决问题，这种教育方式有助于学生理解民主的本质和重要性。因此，教育者将杜威的教育理念应用于思政教育，可以帮助学生不仅学习到民主政治的理论知识，更能够在日常生活中实践这些理念。

2. 卡尔·罗杰斯的人本主义心理学在思政教育中的应用

卡尔·罗杰斯作为人本主义心理学的重要代表，其理论着重强调个体的自我发展和自我实现。罗杰斯认为，教育应当关注学生的个性发展，鼓励学生自我探索和自我理解，从而实现个体的潜能。

在思政教育中应用罗杰斯的理念，意味着教师需要创建一个支持性的学习环境，其中教师扮演的是促进者的角色，而非权威的传授者。这样的环境鼓励学生表达自己的思想和情感，通过自我引导的学习过程发掘个人和社会的价值。例如，教师可以通过开展主题讨论、个案研究和反思日记等活动，帮助学生探讨和形成关于社会主义核心价值观的个人理解和认同。

将人本主义心理学的教育方法引入思政教育，有助于培养学生的自主性和责任感，使他们成为既有批判性思维又具备社会责任感的公民。这种教育方法不仅关注知识的传授，更重视学生个性的充分发展和社会功能的实现。

总之，自由主义教育理论，特别是杜威的民主教育观念和罗杰斯的人本主义心理学，为思政教育提供了宝贵的理论支持和实践指导，有助于培养能够适应现代社会要求的全面发展的人才。

二、代表性学者与其贡献

（一）教育公平与多元化

在当今世界，教育公平和多元化是推动社会进步的关键因素之一。这一部分将探讨两位学者诺尔·斯金纳和罗伯特·普特南对这一领域的贡献及其理论在思政教育中的应用和意义。

1. 诺尔·斯金纳关于教育平等的研究及其在思政教育中的意义

诺尔·斯金纳研究集中在教育平等领域，特别关注如何通过教育政策减少社会不平等。斯金纳的研究指出，教育系统内在的不平等结构不仅限制了低收入和少数族裔学生的机会，而且加剧了社会的阶层固化。他提出，教育应当为所有学生提供平等的学习机会，无论他们的社会经济背景如何。

在思政教育中，斯金纳的理论强调了公平性的重要性。他主张，思政教育不仅要传授政治理念和价值观，还要确保这些教育资源对所有学生都是可访问的。通过推广教育平等，思政教育可以成为促进社会整体公正的工具，帮助构建一个更为包容和多元的社会。

2. 罗伯特·普特南关于社会资本与教育的理论探讨

罗伯特·普特南是一位在社会资本领域具有深远影响的社会学者。普特南的研究强调社区的社会网络、信任和规范对教育成果的影响。他指出，社会资本不仅促进信息的流通和资源的共享，而且对青少年的教育成就有直接的积极影响。社会资本的建设可以增强社区成员之间的互助合作，从而创造一个支持教育和个人发展的环境。

在思政教育中，普特南的理论提供了一个理解和利用社区资源以增强教育效果的视角。他的观点可以被应用于设计更具包容性的思政教育项目，这些项目不仅仅关注学校内的教育活动，也强调社区和家庭在教育中的作用。通过整合社区资源和增强家庭参与，思政教育可以更有效地培养学生的社会责任感和公民意识。

总之，诺尔·斯金纳和罗伯特·普特南的研究为理解和实施更公平、更多元的思政教育提供了宝贵的理论支持和实践指导。这些研究强调教育的社会功能，即通过教育推动社会公平和社区发展，这对于构建一个和谐、公正的社会至关重要。

（二）全球化与思政教育

全球化对思政教育的影响深远，使得教育内容和方法必须适应跨文化和国际环境的复杂性。在这一背景下，理解全球化如何影响思政教育及如何通过思政教育应对全球化带来的挑战，成为当代教育研究的重要课题。尼尔·弗格森对帝国主义与全球教育政策的观点及阿曼娅·库马尔关于后殖民理论在思政教育中的应用，为我们提供了深入的洞见。

1. 尼尔·弗格森关于帝国主义与全球教育政策的影响

尼尔·弗格森的研究强调了帝国主义历史对当代全球教育政策的深刻影响。弗格森认为，现代教育体系在很大程度上是西方帝国主义扩张的产物，其教育政策和实践在全球范围内传播了西方的价值观和知识体系。这一过程不仅形成了一种全球教育模式，也引发了对教育内容的标准化和同质化。

在思政教育的背景下，弗格森的观点挑战了传统教育内容的局限性，提示我们需要重新考虑在全球化背景下如何平衡本土价值观与国际视野的整合。思政教育应当在传授社会主义核心价值观的同时，引入对全球政治经济结构的批判性理解，使学生能够更全面地理解国际事务和跨文化交流。

2. 阿曼娅·库马尔关于后殖民理论在思政教育中的应用

阿曼娅·库马尔的研究则从后殖民理论的角度出发，探讨了如何在思政教育中应用这一理论框架。后殖民理论关注的是殖民历史和影响下被压迫民族的解放与认同重建。库马尔认为，思政教育可以借鉴后殖民理论，挑战西方中心主义的教育叙事，促进文化多元性和教育平等。

在具体应用中，后殖民理论促使思政教育更加关注本土文化和知识的重要性，支持教育内容的多样化，从而帮助学生建立起批判性的全球视角和加深对本土历史与文化的深刻理解。通过引入后殖民理论，思政教育不仅教育学生认识和反思全球不平等结构，还激励他们探索文化认同和自我表达的方式。

总之，全球化对思政教育提出了新的挑战和要求。通过引入尼尔·弗格森和阿曼娅·库马尔的研究，我们可以更好地理解全球教育政策的影响力和后殖民理论的应用价值，从而为构建更开放、包容和多元的思政教育体系提供理论支持和实践方向。

（三）道德与价值教育

1. 约翰·拉尔斯的正义理论在思政教育的道德培养中的运用

约翰·拉尔斯是现代政治哲学领域最具影响力的思想家之一，其正义理论尤为著名，提出了"正义即公平"的理念。拉尔斯的理论着重讨论了在社会基本结构中如何通过合理的原则安排社会资源，以确保每个人都能得到公正的对待。他的两个原则，即每个人应有最大限度的基本自由相容权，以及社会和经济不平等应当以最利于最不利社会成员的方式进行安排，为思政教育提供了一个关于如何在教育实践中实施道德和公平的强有力框架。

在思政教育中，拉尔斯的正义理论可以被用来让学生加深对社会正义和个人责任的深刻理解。教育者可以利用这一理论，教授学生如何评估和批判社会制度和政策，特别是它们如何影响社会弱势群体。通过案例研究、模拟演练和批判性讨论，学生可以学习到如何将正义原则应用于具体情境，如教育机会的公平分配、收入不平等的调整等。

2. 阿米蒂亚·森关于能力观与教育公平的研究

阿米蒂亚·森是诺贝尔经济学奖得主，其能力观理论对现代福利经济学和社会选择理论有重大贡献。森的能力观理论关注个人实现其功能的自由，认为教育应该使个体能够拥有达成其真正价值和目标的能力。他强调，教育的目的不仅是传授知识技能，更重要的是赋予个人通过这些知识技能改善其生活条件的能力。

在思政教育中，森的理论提供了一种更为全面的教育公平视角。教育不仅要关注资源的分配公平性，更要关注教育如何增强个体的实际能力，如批判性思维、决策能力和社会参与能力。教育者可以根据能力观理论设计课程和活动，帮助学生发展成为能够理解复杂社会问题并在多样化社会中有效行动的公民。通过这种方式，思政教育可以更有效地促进个人的全面发展和社会的整体进步。

总结来说，约翰·拉尔斯的正义理论和阿米蒂亚·森的能力观理论为思政教育的道德与价值培养提供了深刻的理论支持。这些理论强调在教育过程中不仅要传授知识，更要培养学生的道德判断力和社会责任感，以及通过教育提升个体的能力，促进建设更加公正和包容的社会。

三、理论的现实意义与挑战

（一）国际化教育背景下的思政教育适应性

随着全球化的加深和国际交流的增多，思政教育面临着如何适应多元文化背景的重大挑战。在国际化教育背景下，思政教育需要调整和优化其内容和方法，以更好地应对不同文化背景下的教育问题。

1. 文化相对主义理论

文化相对主义理论强调文化的多样性和相对性，认为没有绝对的、普遍适用的文化标准。在思政教育中，这一理论可以帮助教育者理解和尊重学生的文化差异，避免将一种文化的价值观和标准强加于所有人。例如，通过文化相对主义的视角，思政教育可以包容并讨论不同国家的政治体制和治理模式，而不是单一地推崇某一种模式。

2. 跨文化交际理论

跨文化交际理论研究不同文化背景下人们的交流方式和交流障碍。在思政教育中，这一理论有助于设计更有效的教学策略，确保信息在不同文化背景中被准确理解和接受。教育者可以利用这一理论来优化课程内容，确保它既符合教育目标，又适应学生的文化预期和交流习惯。

（二）各理论在跨文化环境下的应用与挑战

1. 多元智能理论

霍华德·加德纳的多元智能理论提出人们有多种类型的智能，如逻辑数学智能、语言智能、空间智能等。在国际化教育背景下，这一理论可以指导思政教育采取多样化的教学方法，以满足不同智能类型学生的学习需要。例如，对于具有较强语言智能的学生，教育者可以重视讨论和辩论；而对于具有空间智能的学生，则可以使用图表和模型来说明政治理论。

2. 批判理论

批判理论特别强调揭示和批判社会结构中的权力关系和不公平现象。在跨文化的思政教育实践中，批判理论挑战教育者识别与解构教材和教学过程中可能出现的文化偏见和权力偏见。这要求教育者不仅要传授知识，还要培养学生批判社会和文化偏见的能力，这在不同文化背景中可能会遇到理解和接受的障碍。

综上所述，不同的理论提供了多种视角和工具，帮助思政教育在国际化教育背景下更好地理解和适应文化多样性的挑战。通过这些理论的应用，思政教育可以更有效地促进学生的全面发展和跨文化理解，为构建更加开放和包容的社会做出贡献。

（三）批评与现实的反思

在思政教育领域，不同理论的实际应用往往面临着多种限制与批评。这些理论在理想化的教育模型中可能看似完美无缺，但在具体实施过程中，则可能由于各种现实因素的影响而显得力不从心。同时，全球化和多元化的背景为思政教育带来了新的挑战和机遇，这些也需要在实际的教育实践中得到充分的考量和应对。

1. 不同理论在实际应用中面临的限制与批评

一方面，思政教育中广泛应用的马克思主义教育理论，在实际操作中可能会受到政治环境变化的影响，导致其教育目标和内容需要不断调整以适应社会发展的需要。例如，过度强调意识形态而忽视学生个体差异和实际需求，可能会导致教育效果的不均衡。此外，过于理想化的教育目标有时也难以触及学生的真实感受和思考，从而影响思政教育的深入性和持久性。

另一方面，自由主义教育理论虽然强调个体自由和批判性思维的培养，但在具体实施时可能会遇到文化和社会价值观的抵触。在一些传统保守或高度集体主义的社会中，自由主义教育理论的某些教育策略可能难以被广泛接受，从而限制了其应用的普遍性和效果。

2. 思政教育在全球化、多元化背景下的困境与展望

全球化和多元化为思政教育带来了前所未有的挑战。在全球化背景下，不同文化和价值观的交融使得单一的思政教育模式面临适应性的挑战。思政教育需要在弘扬本国核心价值的同时，兼容并蓄、尊重多元文化，这对教育内容的设计和教育方法的选择提出了更高要求。

未来，思政教育的展望在于如何在坚持自身价值观的基础上，适应全球文化的多

样性。这要求教育者不仅要深化对本国文化和价值的理解和传播，还要增强对外文化的包容性和透视能力。通过引入比较教育学和跨文化交流的元素，思政教育可以更有效地培养学生的全球视野和国际竞争力。

总之，思政教育的批评与现实反思是推动其不断进步和创新的重要动力。面对全球化和多元化的挑战，思政教育需不断调整和优化教育策略，以实现其教育目标的现代化和国际化，培养能够适应 21 世纪复杂多变世界的责任感强和具备批判思维的公民。

四、未来研究方向

随着全球化的深入发展和科技的迅速进步，思政教育面临着新的挑战和机遇。未来的研究方向需要聚焦于如何在这一大背景下不断创新和适应，确保思政教育能够有效地培养出适应现代社会需求的人才。以下几个方向将是未来思政教育研究的重点。

（一）跨文化视角下的思政教育理论创新

在全球化日益加深的今天，思政教育需要吸纳和融合多种文化元素，形成更为广泛和深入的教育视角。跨文化视角下的思政教育理论创新，旨在通过比较和整合不同文化背景下的教育理念和实践，发展出能够适应国际化要求的教育模式。这包括研究不同文化中的价值观念如何影响思政教育的内容和方法，以及如何通过思政教育促进文化理解和尊重，减少文化冲突。

（二）技术发展对思政教育方法的影响

信息技术的飞速发展，尤其是人工智能、大数据和互联网技术的应用，对教育领域产生了深远的影响。未来研究需要探索这些技术如何被有效地应用于思政教育中，改善教育质量和效率。例如，如何利用大数据分析学生的学习行为和成效，以提供更个性化的学习体验；或者利用虚拟现实技术提供沉浸式的教育环境，使学生能够更直观地理解和体验社会政治事件。

（三）理论对解决全球教育不平等问题的贡献

全球教育不平等是一个持续存在的问题，影响资源分配和教育机会的公平性。思政教育的未来研究需要关注其如何通过理论创新和教育实践对这一问题做出回应。这包括研究思政教育如何帮助缩小不同群体之间的教育差距，以及如何利用国际合作和资源共享减轻教育不平等。研究需要探讨各种政策和策略的有效性，以及它们在不同社会和经济背景下的适应性和可行性。

综上所述，未来的思政教育研究需要在跨文化交流、科技应用和全球教育公平性等多个维度进行深入探讨。通过这些研究，思政教育可以更好地适应全球化趋势，有效地培养出具有全球视野、批判性思维和社会责任感的新时代公民。

第三章 名著阅读在教学中的价值与功能

名著阅读在全球的教育体系中占据了核心地位，这不仅因为它们是文学和文化传承的重要组成部分，而且因为它们在塑造学生的思维方式、价值观和认知能力方面发挥着至关重要的作用。名著通常包含丰富的历史背景、深刻的人生哲理和复杂的人物性格，提供了理解人性、社会和文化的多维视角。通过阅读名著，学生不仅能提高语言文字的理解和表达能力，还能加深对不同文化、历史时期和社会结构的理解，这对于培养他们的全球视野和批判性思维能力极为重要。

第一节 名著阅读的教育价值

在大学阶段，名著的教学更加注重深入分析和理论研究。在这一阶段，学生被鼓励运用各种批评理论来分析名著，如女性主义、后殖民主义、结构主义等，这有助于学生建立复杂的批评视角和学术研究能力。此外，名著阅读也被用于探讨跨文化交流和全球视角中的问题，如通过比较不同文化背景下的文学作品来理解全球化语境中的文化差异和相似性。

总之，名著阅读在教育体系中的运用随着学生认知和情感的成熟逐渐深入，不仅增强了学生的文学鉴赏能力，更重要的是通过多样化的教学策略和多角度的文学解读，促进了学生综合素质的全面发展。

一、名著阅读与思想价值的培养

名著阅读不仅丰富了学生的知识背景，而是一种重要的思想和价值观教育方式。通过接触不同文化和时代的经典作品，学生可以形成更加全面和深入的世界观、人生观和价值观。

（一）名著中的经典思想与价值观

名著不仅是文学的宝库，也是思想和价值观的深刻源泉。通过名著阅读，学生可以深入探讨和理解跨文化和历史的普遍价值观，以及它们对个人和社会的深远影响。

1. 多元文化的价值观

名著往往蕴含着跨文化通用的核心价值观，如正义、爱、自由和尊重等。这些价值观贯穿不同国家和地区的文学作品，呈现出各自独特的文化表达和社会意义。例如，通过阅读美国的《杀死一只知更鸟》和南非的《长路漫漫》，学生可以看到正义和人性善良的普遍追求，以及这些价值在不同种族隔离背景下的体现和面临着挑战。学生通过对比分析不同文化背景下的名著，可以深入理解如何在复杂的社会环境中维护个人信念和道德价值，及这些价值观如何影响社会变革和个人成长。

2. 历史与哲学的深层思考

历史和哲学名著为学生提供了一个宏观的视角来审视人类社会和政治结构，以及它们随时间演变的复杂性。如《史记》不仅记录了历史事件，还深入描绘了人物性格和命运，使学生能够从中学习到历史的客观规律和人性的复杂多样。《理想国》等哲学著作让学生探索理想与现实之间的张力，理解理想社会的构建原则以及这些原则在现实政治生活中的应用与局限。

3. 文学作品中的道德探索

文学作品通过复杂的人物关系和冲突，提供了一个丰富的场景来探讨个人道德选择和社会责任。《战争与和平》中的人物在战争的背景下面临艰难的道德选择，这促使学生思考在极端条件下如何平衡个人利益与道德义务。莎士比亚的戏剧经常描绘权力、背叛和复仇的主题，通过这些主题，学生可以深入了解个人行为如何在更广泛的社会和历史背景中产生深远的影响。

通过这些经典思想和价值观的探索，名著阅读不仅增强了学生的文学鉴赏能力，更重要的是，它激发了学生对更广泛的社会和道德问题的深思熟虑，培养了他们成为更有思考深度和社会责任感的人。

（二）引导学生形成正确的世界观、人生观和价值观

名著阅读不仅是文学教育的一部分，也是培养学生批判性思维、伦理观念和跨学科分析能力的重要工具。以下是一些扩展的教学方法，旨在深化学生对名著的理解并促进他们的全面发展。

1. 整合式讨论与分析

在教学中进行深度文本分析和多视角讨论是极为重要的教学策略。通过深度文本

分析，教师指导学生挖掘名著中的关键场景，透过作者使用的文学手法，如象征、隐喻和对比，深入探讨作品的主题和意义。这不仅加深了学生对文学结构的理解，也锻炼了他们的批判性思维能力，使他们能够更加精确地解读和评价文学作品。同时，通过多视角讨论，学生被鼓励从书中不同人物的角度出发，分析和理解各种行为和心理动机。这种教学方式极大地促进了学生的同理心，帮助他们学会从多元的视角分析问题，增强了解决复杂情境的能力，从而在全方位地评估人物行为和心理状态中得到深刻的教育意义。

2. 批判性阅读

在教学过程中，教师应积极引导学生识别和讨论名著中可能存在的文化偏见或作者的个人偏见。例如，当学生阅读一些具有深刻历史背景的经典作品时，应引发讨论作者的社会地位、时代背景及个人信仰如何影响其对特定社会阶层、种族或性别的描写和态度。此外，通过引入批判性理论框架，如女性主义、后殖民主义等，教育者不仅能够帮助学生系统地识别和分析文本中的偏见和立场，还能让学生学会如何使用这些理论工具来深入理解和批评文学作品中的不同观点和论断。这种方法不仅增强了学生的文本分析能力，也促进了他们在更广泛的社会文化背景中进行批判性思考的能力。

3. 跨学科教学

在名著教学中，将心理学和历史背景融入文本分析是一种极富教育价值的方法。通过心理学角度的应用，教师可以引导学生深入探讨如《哈姆雷特》中主人公的复杂心理状态，从而帮助学生深刻理解人物的内心世界和行为动因，如分析哈姆雷特的犹豫不决如何体现了其内心的道德冲突和心理挣扎。同时，将文学作品放置于其历史背景之中进行探讨，如通过对《巴黎圣母院》的分析，可以使学生了解作品背后的社会文化环境，理解中世纪的社会结构和文化冲突如何塑造了作品的主题和人物。这种结合心理学和历史分析的教学方法不仅增强了学生对文本的理解，还促进了他们跨学科思维的发展，使他们能够从更广泛的视角评估和理解复杂的文学作品及其背后的人类行为和社会现象。

4. 道德与伦理的实践活动

在文学教学中，通过模拟道德辩论是一种有效的方法来深化学生对名著中道德冲突的理解。例如，读完陀思妥耶夫斯基的《罪与罚》后，教师可以组织学生围绕书中主人公拉斯科尔尼科夫的行为，探讨正义与罪行的界限。这种辩论不仅促进学生对作品的深入理解，还激发了他们对复杂道德问题的思考，如何在现实生活中识别和处理相似的道德问题。此外，通过将名著中的复杂道德冲突转化为伦理案例研究，如使用《悲惨世界》中让·瓦尔让的窃盗行为，学生可以深入分析人物面临的道德困境，并提出可能的道德行动方案。这种方法不仅提升了学生的批判性思维能力，也帮助他们学会在现实世界中进行道德判断和做出伦理决策。通过这些活动，学生能够更全面地理解名著中的道德教训，并将这些教训应用于个人的道德和伦理发展中。

通过这些教学方法，名著阅读可以成为一种强有力的教育工具，不仅提高了学生的文学理解能力，还促进了他们的思维、伦理判断和跨学科分析能力的发展。通过这些策略，名著阅读不仅能增强学生的文学素养，更能深化他们对社会、历史和个人行为的理解，促进他们在复杂现实世界中形成坚实而成熟的世界观、人生观和价值观。

二、名著阅读与文化传承

（一）名著作为文化传承工具的作用

名著不仅是文学的精华，也是文化传承的重要载体。通过阅读名著，学生可以接触和理解不同时代、不同地域的文化价值观和社会观念，从而深入探索人类社会的多样性和复杂性。

1. 文化认同与传承

名著作为各个文化的精神载体，常常深刻体现了它们所属文化的核心价值观和哲学思想。例如，《红楼梦》不仅是中国文学的巅峰之作，也深刻描绘了中国传统文化中的家族观念、人际关系及人生的无常哲理。同样，《伊利亚特》作为西方古典文学的杰作，展示了古希腊社会对英雄主义和荣誉的崇高追求。通过学习这些名著，学生不仅能够享受到文学的美感，更重要的是能够深入理解和感受到这些作品中所蕴含的深层文化精神和历史背景。这种学习过程不仅丰富了学生的文化知识，也加深了他们对自身文化认同的理解，以及对其他文化的尊重和欣赏，从而促进了跨文化的理解和对多元文化价值的认同。

2. 文化多样性的理解

在全球化的教育背景下，名著阅读不仅是文学欣赏的过程，也是深入了解和欣赏文化多样性的重要途径。作品如阿拉伯的《一千零一夜》和印度的《摩诃婆罗多》不仅丰富了世界文学的宝库，还提供了独特的文化视角和叙事方式，这些视角和叙事方式与西方传统截然不同。通过这些作品，学生可以了解到每种文化中独有的价值观、社会结构和人生哲学，从而扩宽自己的视野，增强对全球多元文化的尊重和理解。这种理解促使学生认识到文化的多样性是全球共存的基础，也是理解复杂世界所必需的视角。通过名著阅读，学生不仅学习到故事和语言的魅力，更能深刻感受到跨文化交流的重要性，为成为具有全球视野的公民打下坚实的基础。

（二）不同文化背景下的名著在全球思政教育中的应用

在全球思政教育中，名著的跨文化特性使其成为理解和交流不同文化观念的桥梁。

1. 促进跨文化对话

名著阅读在教育中扮演了连接不同文化的桥梁作用，尤其在国际学生的交流中表现得尤为明显。通过集体阅读和讨论各国的文学作品，如莎士比亚的戏剧、托尔斯泰的小说或卡夫卡的故事，学生不仅有机会深入了解这些作品背后的文化背景，还可以分享他们对作品的理解和个人的情感体验。这种基于名著的跨文化对话，不仅增强了学生对全球多样性的认识，还有助于培养他们的全球视野和国际合作能力。在这个过程中，学生们能够在尊重和欣赏不同文化观点的基础上建立深厚的国际友谊，同时发展批判性思维和沟通技巧。因此，名著阅读成为促进全球思维培养和国际间理解与友谊的重要媒介，展现了文学在全球教育领域的独特价值和功能。

2. 全球思政教育的整合

在全球思政教育的整合过程中，利用来自不同文化背景的名著探讨全球性的核心议题，如权力、正义、自由和平等，成为一种极具启发性的教学策略。这种方法不仅促进了跨文化的理解和对话，还加深了学生对这些普遍性议题的全面理解。例如，通过比较古希腊文学中的正义观念、印度史诗《摩诃婆罗多》中的道德困境，以及现代西方文学中的自由与权力的探讨，学生可以看到尽管不同文化在处理这些问题的方法和视角上存在差异，但它们对于建立一个更公正和自由的社会的共同追求是一致的。这种教学方法不仅增强了学生的批判性思维能力和道德判断力，还激发了他们对国际事务和全球责任的兴趣，为他们成为具有全球意识的公民打下了坚实的基础。通过这种方式，名著不仅是文学研究的对象，更成为理解和解决全球问题的重要工具。

3. 挑战和扩展思政教育的边界

通过将不同文化的名著融入思政教育，我们可以有效地挑战并扩展传统教育的界限。这种方法不仅丰富了教学内容，还引入了新的思考方式和教学策略。例如，通过比较分析西方的自由主义和东方的集体主义观念，学生可以通过名著中的生动案例来深入理解这些理念。这不仅能够展示这些思想在不同文化和历史背景下的具体表现，还能让学生探讨它们在现实社会中可能产生的冲突和融合。例如，通过阅读《飘》和《红楼梦》，学生可以看到个人自由追求与家族责任之间的张力如何在不同文化框架内展开。这种跨文化的视角不仅拓宽了学生的思政教育视野，也激发了他们对全球多元文化的理解和尊重，为培养具有国际视野的公民奠定了基础。

总之，名著阅读不仅是文化传承的重要方式，也是全球思政教育中不可或缺的工具。通过名著，学生不仅能够学习和欣赏文学的美，更能深入理解和尊重不同的文化价值观，为形成全球化视野的公民奠定坚实的基础。

三、名著阅读与批判性思维的培养

名著阅读在教育过程中不仅提供了文学知识和文化背景，更是批判性思维培养的有效途径。通过深入分析文学作品中的复杂人物、情节和主题，学生可以发展和练习分析、推理、评估和合成等关键的思维技能。

（一）激发学生的批判性思维

1. 多层次文本解读

名著阅读不仅仅是对故事情节的追随，更是对文本深层次意义的探索。这些作品通常蕴含丰富的象征、隐喻及对社会的深刻评论，为读者提供了多层次的解读机会。在教学过程中，教师可以发挥关键的引导作用，帮助学生不仅理解文本的表面内容，更重要的是，挖掘其中的深层意义。例如，教师可以引导学生分析《了不起的盖茨比》中的绿灯象征何种深远的梦想与渴望，或在《白鲸记》中探讨白鲸如何成为复仇与宿命的象征。通过对这些象征和隐喻的讨论，学生不仅能够加深对文本的理解，还能学习如何识别作者的潜在意图和社会批评，从而培养深度解读和批判性分析的能力。这种教学方法不仅提升学生的文学素养，也锻炼了他们的思考和解决复杂问题的能力，使他们在面对多义性和复杂性时能够展开深入和多角度的思考。

2. 主题和思想的探讨

名著通常涵盖广泛而深刻的主题，探讨普遍的人类问题，如权力、正义、道德和人性等。这些作品通过丰富的情节和细腻的人物刻画，将复杂的思想融入其中，激发学生对这些问题的深度思考。在讨论过程中，学生不仅要发展自己的见解，还需要与他人交流，借鉴作者的观点，并结合文化背景进行比较和反思。这一过程有助于学生培养批判性思维，提升他们的分析能力和思辨能力，使他们能够更全面地理解和应对现实生活中的复杂问题。

3. 文化和历史背景的分析

深入理解名著的文化和历史背景对于学生的文本理解至关重要。通过对这些背景的研究，学生不仅能够更加全面地把握文本中的细节和情节，还能学会从不同的历史和文化视角来审视问题。这种多角度的审视方法，不仅拓宽了他们的视野，还能显著增强他们的跨文化批判能力，培养他们在全球化背景下的批判性思维和文化敏感度。这种能力对于他们未来在多元文化社会中的发展和交流具有深远的影响。

（二）培养学生的思辨能力

1. 人物分析

名著中的人物往往具有复杂的性格和多层次的动机，这使得他们成为学生分析和理解的理想对象。教师可以引导学生深入剖析人物的行为模式、内在动机及其性格的发展轨迹，探讨他们在故事情节中所面临的各种道德困境。通过这种细致入微的分析，学生不仅能够理解人物行为背后的心理和社会因素，还能从中学习到人性的多样性和复杂性。这种学习过程不仅能培养学生的深层次思辨能力，还能增强他们的同理心，使其在理解和处理现实生活中的人际关系时更加敏锐和宽容。

2. 情节结构解析

复杂的情节结构为学生提供了理解因果关系、进行逻辑推理和结构分析的宝贵机会。通过深入剖析情节的发展过程、关键的转折点和最终的结果，学生不仅可以更好地理解故事的整体框架，还能掌握如何在论证中运用因果关系进行逻辑推理。这种分析能力对于他们的写作和思考过程有着重要的作用，帮助他们构建严密、连贯的论证结构，并提升他们在学术和实际生活中的推理和分析能力。这种训练不仅有助于学术发展，还为他们未来解决复杂问题和进行独立思考奠定了坚实的基础。

3. 道德和伦理讨论

许多名著的故事情节都围绕着核心的道德或伦理问题展开，这为学生提供了丰富的讨论素材。通过对这些问题的深入讨论，学生可以探索和理解不同的道德观点，比较和评估不同行为的正当性与合理性。这不仅有助于培养他们的道德判断力和伦理思维，还能锻炼他们在复杂情境中做出决策的能力。这种讨论有助于他们理解在面对多样化的社会和文化背景时，如何在纷繁复杂的道德困境中做出明智而公正的选择，从而增强他们的道德素养和伦理责任感，为他们未来的社会生活和职业生涯奠定坚实的基础。

总之，名著阅读通过多维度的文本分析和深入的人物与情节探讨，有效地培养学生的批判性思维和思辨能力。这些技能的发展对学生的学术成长和个人成熟都是至关重要的，使他们能够在更广泛的社会和职业背景中应用这些批判和分析能力。

四、名著阅读与道德教育

名著阅读在道德教育中扮演着核心角色，通过文学作品中的冲突、选择和人物关系展示道德问题和伦理挑战。这些文学作品不仅反映了作者所处时代的道德观念和社会规范，还激发读者对自身和社会行为的深思，提供了理解和讨论复杂道德问题的平台。

（一）名著中的道德教育与伦理问题讨论

1. 道德复杂性的展现

许多名著通过其复杂的情节和多层次的人物描绘，生动地展现了道德决策的复杂性。例如，正义与忠诚、自由与责任之间的冲突常常成为讨论的焦点。在这些名著中，角色面对的道德困境和选择往往没有简单的答案，而是涉及深层次的价值观和信念的碰撞。通过讨论这些情节，学生可以更好地理解在现实生活中进行道德判断的复杂性，学习如何在不存在绝对正确答案的情况下，综合考虑不同的道德因素和情境背景，做出平衡和理性的决策。这不仅培养了他们的批判性思维和判断能力，还使他们在面对实际问题时能够更加从容和公正地处理复杂的道德问题。

2. 人物行为分析

名著通常通过人物的选择和行为来深入探讨道德和伦理问题，这为教育者提供了一个讨论个人责任、社会正义和人际关系等重要主题的绝佳契机。教师可以引导学生仔细分析人物在不同情境下的决策过程，以及这些决策所带来的后果，从而帮助学生更好地理解和评估这些行为背后的道德原则。在这一过程中，学生不仅能够认识到道德原则在理论上的意义，还能学习如何在现实生活中实际应用这些原则，从而培养他们的道德判断力和社会责任感。此外，通过对人物行为的反思，学生可以更加深刻地体会个人选择对自己和他人生活的影响，进而增强他们的批判性思维和自我反省能力。

（二）名著中的道德教育实例分析

1.《悲惨世界》——讨论法律与道德的冲突

维克多·雨果的《悲惨世界》是一部经典之作，通过主人公让·瓦尔让的生活经历，提供了丰富的道德教育资源。让·瓦尔让因偷窃面包被判刑，出狱后又因社会的歧视和贫困不得不继续以非法手段谋生，而他的这些行为皆源于生存的迫切需要。此外，他在重建自己生活的过程中，多次面临法律与道德的选择。例如，他不惜违反法律去拯救他人生命，展示了人性中的善良与道德勇气。这些情节促使读者深刻思考法律的公正性及道德在不同情境中的适用性，让人们在评判法律与道德的关系时，不仅停留在表面，而是能够从更深层次探讨人性、社会公平及个人的道德责任。这种复杂的道德和法律冲突，使读者对社会规范和个人行为之间的张力有了更为全面的理解，从而激发出更丰富的思辨和讨论。

2.《杀死一只知更鸟》——探索种族偏见与正义

哈珀·李的经典作品《杀死一只知更鸟》通过描述一起带有种族主义色彩的法庭审判，深入探讨了种族偏见、正义与勇气等重要主题。这本书不仅展现了社会中的不公平现象，还通过主人公阿提克斯·芬奇坚定维护正义的形象，使学生思考在面对社会不公时应如何坚持自己的道德和伦理原则。书中的情节引导学生反思自身的价值观，培养他们在面对压力和困境时，仍能保持勇气和正义感的能力。通过对书中人物和事件的分析，学生可以更好地理解种族歧视的危害，以及在多元文化社会中实现公平与正义的重要性，从而激发他们积极参与社会变革的动力。

3.《简·爱》——自我尊重与道德自立

夏洛蒂·勃朗特的经典小说《简·爱》通过主人公简·爱在面对严峻的道德和情感考验时的坚持与自立，生动地展示了个人尊严和道德自立的重要性。简·爱在维护个人尊严的过程中，不仅抵抗了外界的压迫和诱惑，还在追求爱情的过程中始终坚持自己的道德原则和内心信仰。她的选择和行动教育读者如何在复杂的情感和道德困境中找到平衡，强调了个人道德判断的重要性。这部小说通过简·爱的坚韧和勇气，启示读者在任何情况下都要坚持自我尊重，勇敢面对挑战，追求内心的真正幸福与平和，从而展现了一个人如何在艰难困境中保持自己的道德底线和尊严，成为自立自强的典范。

通过这些名著中的道德教育实例，学生不仅能够提升文学素养，还能深化对道德和伦理问题的理解。这种通过名著阅读来进行的道德教育，不仅使学生能够在复杂的现实世界中做出明智和道德的决策，也有助于培养他们成为具有高度道德意识的社会成员。

五、名著阅读与情感教育

（一）通过名著阅读促进学生情感的发展

名著阅读提供了一个独特的机会，让学生通过深入的文学作品体验复杂的情感和道德冲突，这种体验有助于学生情感的成熟和发展。

1. 情感共鸣与理解

名著通常包含丰富的情感表达和深刻的人物刻画，使读者能够与书中人物产生强烈的情感共鸣。例如，通过阅读《悲惨世界》中角色的遭遇和心理挣扎，学生能够感受到让·瓦尔让的痛苦、孤独和坚持不懈的努力。这种情感共鸣不仅使学生更加投入于故事情节，还帮助他们更好地理解和体会他人的痛苦与挑战。这种情感上的联系可以激发学生的同情心，使他们在现实生活中更加关怀和体贴他人。同时，通过反思书中人物的经历和情感，学生可以培养出更深的人文关怀，学会用更加宽容和理解的态度去面对他人和世界，从而形成更加积极的人生态度和价值观。

2. 情感智力的提升

阅读名著不仅可以帮助学生更好地理解和表达自己的情感，还能使他们学会识别和理解他人的情感状态，这对个人的社会交往和职业发展至关重要。例如，通过分析《简·爱》中简与罗切斯特复杂的情感关系，学生可以学习到关于爱、信任与背叛的深刻教训。简在面对罗切斯特的欺骗时表现出的坚强和自尊，以及两人最终的和解过程，都为学生提供了宝贵的情感教育。通过这种深入的情感分析，学生能够更清晰地认识到情感在人与人之间互动的重要性，并在现实生活中更加有效地处理各种情感问题。此外，这种情感智力的提升还能够帮助学生在职业发展中更好地理解和管理自己的情绪，与同事和客户建立更加和谐和互信的关系，最终促进个人和职业的全面发展。

3. 道德情感的培养

名著经常探讨道德问题和人物的道德选择，这为学生提供了评估不同道德观点和情感反应的宝贵机会。通过深入讨论这些作品中的道德冲突和情感困境，学生能够发展出更复杂的道德理解和情感敏感性。例如，通过阅读和讨论《杀死一只知更鸟》中所描述的种族歧视和不公正事件，学生不仅能够理解正义和公平的重要性，还能培养对这些问题的深刻感知。这样的讨论帮助学生在面对现实生活中的类似情况时，能够以更同情和理性的态度进行思考和决策，增强他们的道德情感和社会责任感。这种道德情感的培养不仅有助于个人的成长，还对他们将来成为社会中的积极成员起到了重要的推动作用。

（二）名著中的情感教育元素与其在思政教育中的应用

1. 情感的道德教育

名著中的情感元素和道德问题密切相关，为思政教育中的道德教育提供了丰富的素材。例如，通过分析托尔斯泰的《战争与和平》中人物在战争背景下所展现的人性光辉与道德选择，教育者可以引导学生深入讨论在极端情境下的道德责任和个人选择。这种分析不仅帮助学生理解在历史背景和情感冲突中的复杂道德问题，还能强化他们在现实生活中面对挑战和困境时的道德判断能力和情感反应。通过这种方式，学生可以学习到如何在极端条件下保持道德操守和人性光辉，从而内化为自身的道德信念和价值观。这种情感的道德教育不仅提升了学生的道德素养，也为他们未来的人生道路奠定了坚实的道德基础。

2. 情感的社会政治教育

名著常常反映特定历史时期的社会政治背景，通过阅读这些背景中的情感故事，可以帮助学生理解复杂的社会政治问题。例如，通过阅读乔治·奥威尔的《动物庄园》，学生不仅可以看到一个动物乌托邦如何逐渐变质，还能通过书中象征寓意，学习到权力如何腐蚀和影响个体的情感和社会关系。动物们从最初的团结一致到最终的相互背叛和压迫，生动地展示了权力斗争对个体和集体情感的巨大影响。通过这种情感的社会政治教育，学生可以更深刻地理解权力、政治和社会关系之间的复杂互动，从而培养他们的社会意识和批判性思维，使他们能够更敏锐地洞察现实社会中的类似问题。这样的教育不仅有助于学生成为更有责任感的公民，还能激励他们在面对社会不公和权力滥用时，勇于表达自己的情感和立场。

3. 情感的跨文化理解

在国际化或多文化的教育环境中，名著可以作为理解不同文化情感表达和价值观的重要工具。这有助于学生在全球化的背景下发展跨文化的情感理解和尊重。例如，通过阅读不同文化背景的作品，如《千与千寻》中家庭与成长的主题，学生不仅可以感受到日本文化中对家庭纽带的重视和成长过程中的挑战，还能在这些情感体验中发现与自己文化的共通之处。这样的跨文化阅读经历，可以使学生更加开放和包容，理解和尊重不同文化的情感表达和价值观念。这不仅增强了他们的文化敏感性，还培养了他们在全球化社会中有效沟通和合作的能力。通过这种情感的跨文化理解，学生能够更好地适应和融入多元文化的社会环境，成为具有全球视野和跨文化素养的公民。

总之，名著阅读在情感教育方面具有不可替代的作用，它不仅丰富学生的情感生活，还通过各种复杂的情感经历和道德探索，加深学生的情感理解和道德判断能力，是思政教育中不可忽视的重要组成部分。

第二节　名著阅读与学生品格形成

名著阅读一直被视为教育的核心组成部分，不仅因为它们是文学的经典，也因为它们在传承文化、塑造思想及发展个人素养方面扮演着不可替代的角色。自古以来，通过阅读名著，学生可以接触到人类思想和文化的精华，如哲学思想、历史事件、道德观念等，这些内容极大地丰富了他们的知识体系和思维方式。名著中的故事和人物跨越时间和空间的限制，提供了一个理解和反思人类经验的窗口，使学生能够在阅读过程中学习到跨文化和跨时代的普遍价值。

阅读与品格形成之间存在着密切的关系，尤其是名著阅读在促进个人品格发展方面的作用不容忽视。品格形成是一个涉及道德认知、情感与行为的综合过程，名著通过展示复杂的人物性格和道德选择，激发读者的情感共鸣和道德判断。此外，名著中经常包含丰富的伦理冲突和人物挣扎，为读者提供了评估不同行为后果的机会，这些故事情节有助于读者在现实生活中形成坚定的道德立场。通过引入不同文化和历史背景下的名著，读者不仅能增强自己的道德感知能力，还能提升对多元文化的理解和尊重，从而在全球化的世界中培养成为有责任感和同理心的公民。

总之，名著阅读在教育中承担着重要的角色，不仅因为它们是传递知识的载体，更因为它们在塑造学生品格和促进其全面发展中起到了关键作用。通过深入探讨名著中的主题、人物和情节，教育者可以有效地利用这些文学资源来丰富学生的教育经历，帮助他们在复杂多变的现代社会中做出明智的道德选择。

一、名著的选择与教育价值

选择合适的名著对于实现教育目标极为关键，不同类型的名著能够从多方面对学生进行知识启蒙和品格培养。

（一）经典文学作品

经典文学作品不仅是艺术的结晶，也是人类智慧的体现。它们通过丰富的情节和深刻的人物刻画，展示了复杂的人性和道德问题，为学生提供了理解和思考人类行为的平台。文学作品能够激发学生的想象力，增强语言表达能力，并通过故事中的冲突、抉择和后果引导学生思考生活中的道德和价值问题。

教师可以选用包含鲜明道德冲突的文学作品，如《罪与罚》和《傲慢与偏见》等，通过教学和讨论，引导学生分析人物的选择和行为后果。例如，在《罪与罚》中，主人公拉斯柯尔尼科夫的内心斗争和最终的悔悟，让学生深刻理解到犯罪与惩罚、道德与法律之间的关系；而在《傲慢与偏见》中，伊丽莎白和达西的成长与误解，则展示了偏见与宽容的重要性。通过这些讨论，学生不仅能够理解如诚实、勇气、责任与爱等基本价值观，还能在分析人物和情节的过程中，学会如何将这些价值观应用于自己的生活和行为决策中。这种学习方式不仅帮助学生在学术上取得进步，更在他们的道德成长和人格塑造中起到了积极的作用。

（二）历史名著

历史名著如《史记》《资治通鉴》等，不仅记录了历史事件，还提供了对过去人物行为的深刻洞察。通过学习这些作品，学生可以获得对历史人物的道德评价和行为动机的理解，从而反思现代社会中类似的问题。例如，莎士比亚的《李尔王》不仅是经典的历史剧，也深刻探讨了权力、家庭和疯狂的主题。教师可以利用这类作品中的历史和文学价值，引导学生理解复杂的家庭和社会关系，并从中提取道德和伦理的教训。这些经典作品通过生动的故事和深刻的人物刻画，让学生在情感上产生共鸣，同时培养他们的批判性思维和道德判断力。通过这种方法，学生不仅能够了解历史事件和人物，更能在现实生活中应用所学的道德和伦理原则，从而在面对现代社会的挑战时做出更明智和公正的决定。

（三）哲学与思想著作

哲学著作如柏拉图的《理想国》和康德的《纯粹理性批判》，提供了关于道德、社会和存在的深入讨论。通过阅读这些作品，学生可以学习如何构建和分析复杂的论证，并培养自己在伦理和哲学问题上的理性思考能力。这些经典哲学著作不仅为学生提供了思想的深度和广度，还帮助他们掌握批判性思维的技巧。

此外，推荐学生阅读尼采的《善恶的彼岸》和约翰·斯图尔特·密尔的《论自由》。这些作品不仅挑战传统观念，也鼓励学生发展独立思考和自我表达的能力。尼采通过对道德和价值观的批判，促使学生反思既有的信念体系，而密尔则通过探讨个人自由与社会责任的关系，使学生能够更好地理解现代社会中的道德和政治问题。通过深入探讨这些哲学问题，学生不仅能够提高自身的逻辑分析能力，还能在面对复杂的现实问题时，具备更强的判断力和决策能力，从而在学术和生活中都受益匪浅。

综上所述，不同类型的名著可以从多角度丰富学生的知识体系和道德感知，对其进行全面的人文教育。通过精心设计的教学活动，教师可以有效地利用这些名著来培养学生的批判性思维、道德判断力和文化理解能力。

二、阅读策略与教学方法

在思政教育中，阅读策略和教学方法的选择对于激发学生的思考、理解和品格形成至关重要。以下方法可以帮助教育者有效地引导学生探索和理解名著中的深层意义和价值。

（一）整体阅读与深入分析

1. 引导学生全面理解文本

（1）多层次阅读

首先，教师可以引导学生进行表层阅读，了解文本的基本情节和人物。在这一阶段，学生主要关注故事的发生、发展和结局，通过熟悉情节来建立对作品的初步认识。随后，教师可以通过提出指导性问题和组织主题探讨，帮助学生进行深层次阅读。这一过程中，学生将深入分析文本中的隐喻、象征和主题深度，理解作者在表面故事之下所传达的更深层次的思想和情感。通过这种多层次的阅读方法，学生不仅能够掌握故事的外在内容，还能挖掘出作品的内在意义和价值。

（2）结构分析

教师可以帮助学生分析文本的结构，这包括章节划分、叙事视角和时态变化等方面。通过这种分析，学生能够更好地理解作者在创作过程中的表达技巧和策略。例如，章节的划分如何推动情节的发展，叙事视角的选择如何影响读者对故事的理解，时态的变化如何增强故事的紧张感或深刻性。通过对这些结构要素的分析，学生可以看到文本的整体布局和作者的意图，从而加深对作品的理解和欣赏。这不仅提升了学生的文学分析能力，也让他们在阅读和创作中学会更多表达技巧和方法。

2. 深度讨论与思考激发品格思考

安排学生进行小组讨论，每组针对文本中的一个关键问题或道德冲突进行深入分析。通过这种合作学习的方式，学生可以互相交流观点，激发思维的碰撞，从而获得更全面的理解。每组在讨论结束后，教师将他们的见解和分析结果在班级中分享，这不仅促进了集体学习，也帮助学生培养了表达和辩论的能力。

通过角色扮演活动，让学生以文本中不同人物的视角出发，探讨其中的道德问题。这种方法不仅让学生更深入地理解角色的动机和情感，还能增强他们的情感共鸣和道德判断力。通过模拟和体验不同人物的处境，学生可以更真实地感受到道德冲突的复杂性，从而在实际生活中更好地运用这些道德和伦理知识。角色扮演不仅是一种有趣的教学方法，还能帮助学生培养同理心和解决问题的能力。

（二）批判性阅读

1. 培养学生的批判性思维能力

（1）问题导向

教师可以提出一系列挑战性问题，引导学生深入思考和分析文本。例如，问题可以包括"如果你是主人公，会如何选择？"及"作者在这段文字中隐藏了哪些偏见？"。这些问题不仅激发学生的好奇心和参与感，还促使他们从多个角度审视文本，培养批判性思维能力。通过这样的问题导向学习，学生能够更好地理解人物动机和情节发展，并且能够识别和反思文本中的潜在偏见和假设，从而提高他们的分析和理解能力。

（2）对比分析

鼓励学生将文本与现实生活中的类似情况或其他作品进行对比，是一种有效的学习方法。这种对比分析可以帮助学生评估作者的观点和处理方法的合理性。例如，学生可以将书中的情节与现实生活中的事件进行比较，看看作者的处理方式是否符合实际情况，或者通过对比不同作品中的相似主题，探讨作者们在处理这些主题时所采用的不同方法和视角。通过这种方式，学生不仅能够更全面地理解文本，还能在不同的文化和历史背景下进行批判性思考，提高他们的整体文学素养和分析能力。

2. 通过批判性阅读培养独立思考和道德判断

教师要引导学生识别和解构文本中的立场、偏见和论证结构，通过这种方式，帮助他们培养批判性思维能力。在这个过程中，学生将学习如何透过文本表面，深入分析作者的意图和观点，辨识其中的偏见和论证手法。这种解构练习不仅能够增强他们对文本的理解力，还能鼓励他们形成独立的观点和判断能力，培养他们在阅读和写作中更加理性和客观的态度。

教师可以利用文本中的道德困境，促使学生反思自己的价值观和社会的道德标准。通过讨论和分析这些道德问题，学生将有机会思考自己在类似情境下的行为选择，并评估这些选择的道德正当性。这种反思过程有助于他们认清自身的价值观，理解社会的道德规范，并在此基础上形成更加成熟和深刻的道德观念。通过这种方法，学生不仅能够提升道德判断力，还能在日常生活中更好地践行这些道德标准。

（三）跨学科方法

1. 整合学科内容

结合文学分析、历史背景和哲学思想，设计综合性课程内容。例如，在讨论《悲惨世界》时，不仅深入分析小说中的人物和情节，还结合法国大革命的历史背景，探讨社会不公和人性的主题。这种跨学科的整合教学，不仅帮助学生更全面地理解文学作品，还能使他们更深刻地认识历史事件对文学创作和社会发展的影响。

2. 专题研究

通过选择特定作品进行专题研究，可以让学生从多个学科角度全面理解重要概念。例如，通过阅读《1984》，学生可以探讨政治哲学中的乌托邦和反乌托邦概念，从政治学、心理学和文学的角度全面理解这些概念。这样的专题研究，能让学生深入思考权力、控制和自由等重要问题，并培养他们的跨学科分析能力。

3. 案例研究

挑选具体的文学作品，作为社会科学、伦理学和心理学概念的案例研究，帮助学生应用这些概念来分析文本。例如，通过分析《红字》中的道德困境和社会规范，学生可以理解伦理学中的道德相对主义和心理学中的羞耻与内疚感。这种案例研究，能使学生将抽象的理论概念具体化，并通过文学作品的情节和人物来深刻理解和应用这些概念。

4. 项目学习

设计跨学科的项目，促进学生在研究过程中形成深刻的文化和道德理解。例如，让学生创建一个多媒体，展示特定历史时期文学作品的影响，鼓励他们结合历史、文学和社会学的知识进行深入研究。这种项目学习,不仅提高了学生的研究能力和创造力,还能通过多角度的学习,帮助他们更全面地理解文化和道德问题的复杂性和重要性。通过这些教学方法和策略,名著阅读可以成为一个多维度的学习体验,不仅提升学生的文学素养,还促进他们的品格形成和批判性思维能力的发展。

三、品格形成的具体方面

在教育中利用名著进行品格教育可以极大地促进学生个人品质的全面发展。以下是通过名著阅读培养学生道德责任感、同情心、正义感和公平感的具体方法。

(一) 道德责任感

名著往往通过其复杂的角色和引人入胜的情节,展示人物在面对道德抉择时的心理斗争和行为选择。例如,在《雷雨》中,周萍在对家庭和个人的责任感之间挣扎,深刻描绘了责任与欲望之间的冲突。这种描写可以引导学生思考责任的多面性和复杂性。教师可以通过引导学生分析这些人物的决策过程,讨论他们的行为是否体现了对个人、家庭或社会的责任感。通过分析人物在情境中的选择和后果,学生可以更深刻地理解责任感的意义,认识到在现实生活中,责任不仅是对自己行为的负责,更是对他人和社会的承诺。这样的讨论和分析不仅可以培养学生的责任感,还能帮助他们在面对实际生活中的道德和伦理困境时,做出更加明智和有担当的决定。

(二) 同情心和共情能力

名著通过深入的人物描写和情感表达,使读者能够与人物建立情感联系,体验他们的喜怒哀乐。这种情感联系让读者更容易感受到人物的内心世界和情感波动。例如,在《简·爱》中,简·爱的孤独和坚韧通过细腻的描写,使读者深刻感受到她内心的痛苦与挣扎,从而激发读者的同情心和共鸣。通过这些文学作品,学生不仅能感受到人物的情感,还能学会站在他人的角度思考问题。这种感同身受的体验,有助于学生培养出更强的共情能力,使他们在现实生活中能够更好地理解和关怀他人的感受和处境,从而增强他们的人际交往能力和社会责任感。这种情感教育对学生的全面发展具有重要意义,帮助他们成为更有同理心和社会责任感的人。

(三) 正义感和公平感

很多名著都围绕正义和公平的主题展开深入讨论。例如,在《杀死一只知更鸟》

中，主人公阿提克斯·芬奇在法庭上为一位无辜的黑人辩护，揭示了种族歧视带来的严重不公，挑战了当时社会普遍接受的不公平做法。这一情节通过阿提克斯坚定的道德立场和勇敢的行动，向学生展示了真正的正义与公平。教师可以引导学生讨论和分析这些作品中的正义问题，探讨人物所面临的伦理困境及其决策过程。通过这种方式，学生可以对社会中存在的不公现象有更深刻的认识和反思。这样的讨论不仅有助于培养学生的正义感，还能激发他们对维护公平和提倡正义行为的思考和行动，鼓励他们在面对不公时，敢于发声，勇于维护正义。这种教育方式不仅提升了学生的道德素养，还为他们在未来成为积极公民奠定了坚实的基础。

通过这些具体的文学作品和讨论活动，名著阅读不仅丰富了学生的文学知识，更重要的是，它通过人物的道德抉择、情感体验和对正义的追求，有效地培养了学生的品格，为他们的全面发展打下了坚实的基础。

第三节　名著阅读与批判性思维培养

名著阅读不仅丰富了学生的文学知识和文化理解，还在培养批判性思维方面发挥着至关重要的作用。批判性思维是指能够分析和评估信息以形成独立判断的能力，这在当今信息爆炸和多元观点并存的社会中尤为重要。名著提供了复杂的情境和多层次的人物心理描绘，为学生提供了评估不同观点、分析角色动机和探索道德问题的绝佳素材。通过对名著的深入阅读和讨论，学生能够在安全的学术环境中实践和锻炼自己的批判性思维能力，学习如何在复杂和模糊的信息中寻找证据，形成合理的判断，这不仅加深了对文本的理解，也提高了解决实际问题的能力。

在思政教育中，批判性思维被定义为能够独立分析和评估政治和社会现象的思维能力。这种能力对学生理解和参与社会政治生活至关重要。批判性思维的培养使学生能够超越表面的事实和现象，深入探讨社会结构和政治权力的根本原理，从而形成独立的社会观和价值观。此外，批判性思维还鼓励学生对现存社会和政治问题持有开放的态度，通过理性的分析和讨论，不断寻求改进和解决方案。在更广泛的意义上，批判性思维的价值还体现在其对民主社会健康发展的贡献上，民主制度依赖公民的积极参与和监督，而这些都需要公民具备高度的批判性思维能力。

通过引导学生在名著阅读中运用和提升批判性思维，思政教育可以更有效地培养学生的独立思考能力，增强他们的社会责任感和道德判断力，从而为他们成为具有批判性思维的公民打下坚实的基础。

(二) 不同类型名著对批判性思维影响的分析

1. 文学作品

文学作品通常通过丰富的象征、隐喻和复杂的人物关系，提供对生活的深刻洞察。这些作品不仅讲述故事，还通过细腻的描写和深刻的主题，反映出社会、文化和人性的复杂性。通过阅读和分析文学作品，学生能够从多个角度解读文本，理解作者的意图和文本的社会文化背景，从而培养他们的解析和评估能力。例如，阅读弗吉尼亚·伍尔夫的《达洛卫夫人》或托妮·莫里森的《宠儿》，学生可以探索性别、种族、心理等多重维度，提升对人类情感和社会现实的理解。

2. 历史名著

历史名著如司马迁的《史记》或西蒙·沙玛的欧洲史等，提供了对历史和社会背景的深入了解。这些作品不仅记录了重要的历史事件，还展现了当时的社会风貌和文化背景，帮助学生理解历史事件的复杂性。通过阅读这些作品，学生可以学会批判性地思考历史叙述，认识到历史不仅仅是过去的记录，更是对当下社会的一种反思。例如，通过研究《史记》中的人物传记，学生可以探讨权力、道德和人性的多重维度，并思考这些历史故事对现代社会的启示。

3. 哲学著作

哲学书籍，如柏拉图的《理想国》或尼采的《查拉图斯特拉如是说》，挑战读者的思维方式，提出深刻的哲学和伦理问题。这些作品要求读者对常见观念进行反思，并运用逻辑推理和理论批判来解答复杂的问题。通过阅读和讨论哲学著作，学生不仅能提升批判性思维能力，还能在逻辑推理和理论分析方面得到极大的锻炼。例如，通过研究《理想国》中关于正义的讨论，学生可以反思现代社会中的公平与道德问题，从而培养更加理性和深刻的思考方式。

通过上述分析，教育者可以根据教学目标和学生的需求选择合适的名著，不仅丰富学生的阅读体验，更重要的是通过这些名著培养他们的批判性思维能力。这种能力是学生未来在学术及其职业生涯中解决问题和做出决策的重要基础。

二、名著中的思想观点与思维挑战

(一) 名著中呈现的复杂思想观点

名著通常蕴含深刻而复杂的思想观点，它们不仅反映了作者所处时代的社会、政治和哲学问题，还探讨了普遍的人性和道德问题。这些作品经常提出挑战性的问题，并展示多维的解答路径，从而为读者提供了丰富的思考素材。

1. 对人性的探讨

许多名著深入探讨了人性的复杂性，如陀思妥耶夫斯基的《罪与罚》通过主人公拉斯科尔尼科夫的内心斗争，展现了罪行背后的道德和心理动机。拉斯科尔尼科夫在犯罪后所经历的内心煎熬和道德困惑，引发读者对善恶、罪罚和救赎的深入思考。通过这种深刻的人性描写，作品探讨了人类内心的复杂性和矛盾性，让读者在思考人物命运的同时，反省自身的道德立场和心理状态。

2. 社会正义与不平等

作品如雨果的《悲惨世界》通过描绘不同社会阶层的生活状况和人物命运，挑战读者对社会公正和不平等的既有看法。通过让读者深入了解贫困、压迫和绝望中的人物形象，作品激发了人们对社会改革和正义的思考。冉阿让、芳汀和贾维尔等人物的命运，展示了社会的不平等如何影响个人的生活和选择，引导读者反思现有的社会结构和制度，并鼓励他们寻求更加公平和人道的社会解决方案。

3. 自由与压迫

名著如乔治·奥威尔的《1984》通过描绘极权统治下的生活，深刻探讨了自由与压迫的主题。作品中的反乌托邦世界，让读者看到在极权社会中个人自由如何被剥夺、思想如何被控制，使读者反思个人自由的价值和社会控制的极限。通过温斯顿·史密斯的反抗和最终的失败，小说揭示了极权统治的可怕之处，警示人们珍惜和维护自己的自由权利，警觉潜在的社会压迫，促进对自由和民主价值的深刻理解和认同。

（二）通过名著引发对传统观念的质疑

名著的教育价值在于其能够挑战传统观念，引发读者的深层次反思。通过合理的教学方法，教育者可以引导学生通过名著阅读质疑并重新评估传统的思想和信仰。

1. 引导式问题

教师可以设计一系列开放式的问题，引导学生在阅读过程中思考并质疑文本提出的观点。例如，可以询问学生是否同意作者的观点，作者的观点如何挑战他们的既有看法。这种方法不仅鼓励学生积极参与，还能帮助他们培养批判性思维能力，通过不断质疑和探讨，深化他们对文本的理解和对自我观点的认识。

2. 比较分析

通过将名著中的观点与现代社会的观念进行比较，教师可以帮助学生识别和质疑那些过时或不再适用的传统观念，如探讨《傲慢与偏见》中关于婚姻和性别角色的传统观念，并与当代的观念进行对比。这样的比较分析不仅使学生更好地理解名著的时代背景，还能引发他们对现代社会问题的深刻思考，培养他们的社会洞察力和批判意识。

3. 批判性讨论

组织课堂讨论和辩论，鼓励学生表达和支持自己的观点，同时挑战同学的想法，这种批判性讨论可以促进学生对文本中的思想观点进行更深入的分析和评价。在辩论过程中，学生需要搜集证据、组织论点、回应反驳，这不仅锻炼了他们的表达能力和逻辑思维，还帮助他们在多元观点的碰撞中，形成更加全面和深刻的见解。

4. 跨学科方法

将哲学、历史、社会学等学科知识与文学分析结合，帮助学生从不同角度理解和质疑名著中的思想观点。例如，利用社会学理论来分析《简·爱》中的社会阶级和性别问题，或通过历史背景来理解《罪与罚》中俄罗斯社会的动荡。这种跨学科的方法，不仅拓宽了学生的知识面，还培养了他们综合运用多学科知识进行分析的能力，使他们能够更全面地解读文学作品中的复杂思想和社会现象。

通过上述方法，名著不仅能够为学生提供文学上的享受，更能成为他们挑战和扩展思维边界的工具。这些策略有助于培养学生的批判性思维能力，使他们能够以更开放和多元的视角理解和参与现代世界。

三、教学策略与批判性思维的培养

有效的教学策略是培养学生批判性思维的关键。通过结合课堂讨论、角色扮演和辩论等活动，教师可以利用名著中的复杂问题和主题，引导学生深入思考，从而提升他们的分析和评价能力。

（一）课堂讨论：利用名著中的问题和主题激发批判性思维

课堂讨论是培养批判性思维最常用且有效的方法之一。通过对名著中的关键问题和主题进行开放式讨论，学生可以在多样化的思想碰撞中锻炼自己的思维能力，形成更深刻的见解。

1. 设置问题

教师可以从名著中提炼出核心问题或争议点，如道德决策、人物动机、社会影响等，作为讨论的起点。这些问题应具有挑战性和开放性，能够激发学生的兴趣和思考。例如，可以提出"主人公的行为是否正当？""在特定历史背景下，这样的选择是否合理？"等问题，引导学生深入思考。

2. 多角度分析

教师可以鼓励学生从不同的文化、历史和哲学角度分析问题，推动他们超越文本，联系实际生活经验和社会现象。通过多角度的分析，学生不仅可以理解问题的复杂性，还能培养综合思考和跨学科应用的能力。例如，在讨论莎士比亚的《哈姆雷特》时，教师可以引导学生从心理学、伦理学和历史学的角度进行分析，从而获得更加全面的理解。

3. 引导深入思考

通过提问促使学生深入探索问题的各个层面。比如，可以问"如果你是这个故事中的人物，你会如何做？""这个决策的长远影响是什么？""这种行为对社会产生了什么样的影响？"等。这样的提问不仅帮助学生更深入地理解文本，还能引导他们反思自身的价值观和行为，从而在讨论中不断提升他们的批判性思维能力和独立判断能力。

通过这样的方法，课堂讨论不仅成为学生表达和交流观点的平台，还成为他们思维碰撞和思想深化的重要途径，使他们在讨论中不断成长和进步。

（二）角色扮演与辩论：从不同视角探讨名著中的问题

在教育教学过程中，角色扮演与辩论是两种能够有效激发学生多角度思考问题的策略。通过亲身体验和实际参与，学生们不仅能够更深入地理解书中角色的行为和决策过程，还能在实践中提升自己的思维和分析能力。

首先，角色扮演是一种深受学生喜爱的教学方式。通过扮演书中的不同角色，学生们可以从角色的立场出发，深入理解其行为和决策背后的原因。这种方法不仅让学习变得更加有趣，还能帮助学生更好地把握人物性格和情节发展，从而提升对整个作品的理解和感悟。

其次，组织辩论则是另一种能够有效提升学生思考能力的策略。通过围绕名著中的主要争议展开辩论，学生们可以深入探讨各种复杂的社会现象和人际关系。例如，针对《飘》中的主人公斯嘉丽的行为是否自私这一问题进行辩论，教师可以让学生们从个人主义与集体利益的角度出发，对问题进行深入的剖析和探讨。

最后，在辩论和角色扮演结束后，进行反思总结环节是至关重要的。这一环节不仅让学生们有机会分享自己的体验和学习收获，还能让教师根据学生的表现提供专业的反馈和深度的解析。通过这样的方式，学生们可以更好地理解和吸收所学知识，从而在实际生活中更好地运用所学。总之，角色扮演与辩论是两种极具实践性和启发性的教学策略，它们能够有效提升学生的思维能力和综合素质，值得我们深入研究和广泛应用。

通过这些教学策略，学生不仅能够在理解文学作品的同时培养批判性思维，还能学会如何将这些思维技能应用于现实世界中的复杂问题解决中。这种综合能力的培养，对他们的学术发展和未来职业都具有重要的影响。

四、名著阅读与思维技巧的发展

名著阅读提供了极好的机会来培养学生的高级思维技能，特别是分析、解释、评价和推理能力。这些技能对学生的学术成长和未来职业发展都至关重要。

（一）分析与解释：帮助学生深入理解文本

1. 详细解读

在文学教学中，详细解读是一种重要的教学方法，教师可以引导学生进行深入的文本分析。

首先，教师可以带领学生关注作者的语言使用，包括词汇选择、句式结构和文体特点。通过这种方式，学生可以更好地理解作者的写作风格和表达方式，从而深入挖掘文本的内涵。

其次，教师可以引导学生关注叙事结构，包括故事的起承转合、情节的安排和人物的塑造。通过分析这些元素，学生可以更好地把握故事的发展脉络，理解作者如何通过叙事来传达主题。

再次，教师还可以引导学生关注文本中的象征意义，如人物、事件、物品等的象征意义。通过这种方式，学生可以更好地理解文本的深层含义，挖掘作者想要传达的思想和价值观。

最后，教师可以引导学生关注文本的主题表达，包括作品所反映的社会现象、道德观念和人生哲理。通过这种方式，学生可以更好地理解作品的社会价值和意义，提升自己的审美情趣和思想境界。

总之，通过详细解读，教师可以引导学生关注文本的每一个细节，从而更好地理解作者的意图和文本的深层含义。这种教学方法有助于培养学生的文学鉴赏能力和批判性思维，提升他们的综合素质。

2. 文本背景介绍

提供每部名著的历史和文化背景可以极大地增强学生的理解力和阅读体验。通过详细介绍文本的历史背景、社会环境和作者的生平事迹，学生可以更全面地理解作品的创作动机和意义。这种背景知识有助于学生把握文本的社会文化语境，从而更准确地解释文本中的各种引用和暗示。例如，了解维多利亚时代的社会风貌和道德观念，学生可以更深刻地理解《简·爱》中的人物行为和情节发展。通过这种方法，学生不仅能欣赏到文本表面上的故事情节，还能洞察到隐藏在文字背后的深层次意义，从而提升他们的文学素养和批判性思维能力。背景介绍不仅为学生提供了必要的知识框架，还激发了他们对文本更深层次的兴趣和探索欲望，使他们能够更有自信地参与讨论和分析，形成独立而深刻的见解。

3. 主题探讨活动

通过组织主题探讨活动，如研讨会或小组讨论，教师可以创造一个开放而互动的学习环境，鼓励学生分享自己对文本的理解和解释。这样的活动不仅能让学生在交流中碰撞出新的思想火花，还能通过不同的视角和观点，帮助他们看到文本的多重层面和深层次意义。在研讨会中，学生可以围绕某个主题展开深入讨论，分析文本中的关键情节、人物动机和道德冲突；在小组讨论中，学生可以互相质疑和支持，从而形成更加全面和多样化的理解。通过这些活动，学生不仅能提高分析和表达能力，还能培养批判性思维和团队合作精神。教师在其中扮演引导者的角色，适时提问和点拨推动讨论向更深层次发展，使学生在互动中不断提升对文本的认知和解读能力。这样的主题探讨活动不仅丰富了课堂教学内容，还激发了学生对文学学习的热情和兴趣，使他们在轻松愉快的氛围中获得知识和智慧的成长。

（二）评价与推理：通过名著训练学生的评价和推理能力

1. 批判性思维练习

通过批判性阅读活动，教师可以鼓励学生不仅仅接受文本信息，而是要积极评价文本的论点，推理其论据的有效性。这种方法有助于培养学生的批判性思维能力，使他们在阅读过程中变得更加主动和独立。例如，教师可以让学生探讨《大卫·科波菲尔》中的社会批评是否仍然适用于今天的社会环境。学生可以分析书中的情节和人物，评估狄更斯所提出的社会问题，如贫困、教育和劳动剥削是否在现代社会中仍然存在。他们可以比较维多利亚时代和当今社会的异同，从而形成自己独立的观点。通过这种深入的分析和讨论，学生不仅能加深对文学作品的理解，还能提升他们对社会现实的认知能力和批判性思维水平。批判性思维练习使学生学会质疑和反思，培养他们在面对复杂问题时的分析和解决能力，为他们未来的学习和生活打下坚实的基础。

2. 论据建构

教师可以设计各种活动，要求学生基于文本的内容构建自己的论点，如写一篇批评或支持文本某个观点的文章。这种活动不仅要求学生深入理解文本，还需要他们能够用逻辑和证据来支撑自己的观点。通过这种方式，学生将学会如何在阅读中提取关键信息，分析作者的论点和证据，并结合自己的思考形成有力的论证。例如，学生可以被要求撰写一篇文章，讨论《大卫·科波菲尔》中的某个社会批评是否在当今社会仍然成立，或是评价主人公的行为是否符合道德标准。这个过程不仅锻炼了学生的逻辑思维和写作能力，还培养了他们的批判性思维和论证技巧。通过不断地构建和评估论点，学生能够更加清晰地表达自己的观点，并在交流中形成独立而深刻的见解。这种论据建构的练习，为学生在未来的学术和职业生涯中进行有效的沟通和辩论打下了坚实的基础。

3. 道德与伦理评估

在探讨《安娜·卡列尼娜》这样充满道德冲突的名著时，引导学生进行道德与伦理评估是一种极具启发性的教学方法。教师可以让学生关注作品中不同人物的行为和选择，并从道德的角度对这些行为和选择进行评价。例如，针对安娜的出轨行为，学生们可以从忠诚与背叛、爱情与道德等角度进行深入探讨，引导学生从伦理的角度分析作品中的人物关系和社会现象。例如，探讨列宾与基蒂、安娜与卡列宁之间的婚姻关系，让学生们思考何种伦理原则在维系婚姻关系方面具有合理性。组织学生们就作品中的道德争议展开辩论，让他们在辩论中锻炼自己的伦理推理能力。通过这种方式，学生们可以更好地理解作品中的道德困境，培养自己在现实生活中面对类似问题时做出明智选择的能力。进行道德与伦理评估有助于培养学生的人文关怀和社会责任感。在分析作品中的人物和事件时，学生们会逐渐形成自己的道德观念和伦理原则，从而在面对生活中的道德抉择时能够更加明智和成熟。

总之，在讨论具有道德冲突的名著时，引导学生进行道德与伦理评估是一种有效的教学方法。它有助于提升学生的伦理思维品质，培养他们的道德判断力和人文素养。在当今社会，具备良好道德素养和伦理观念的公民对于构建和谐社会具有重要意义。

4. 逻辑推理训练

在阅读名著的过程中，教师可以充分利用作品中复杂的情节和人物关系来训练学生的逻辑推理能力。

首先，教师可以针对文本中未明确说明的人物关系或事件原因和结果设置问题，引导学生通过分析文本中的线索和细节，推理出合理的答案。这种训练方式不仅能够激发学生的好奇心和求知欲，还能让他们在解决问题的过程中提升自己的逻辑思维能力。

其次，教师可以鼓励学生从不同角度和立场出发，对作品中的人物行为和决策进行推理分析。例如，在阅读《红楼梦》时，可以让学生探讨贾宝玉为何对林黛玉情有独钟，从而培养学生从心理学、社会学等多角度分析问题的能力。

再次，教师还可以组织学生进行小组讨论，让他们在合作中共同解决问题。通过互相交流和分享观点，学生们可以学会倾听、尊重和借鉴他人的意见，提高自己的沟通能力和团队协作能力。

最后，在逻辑推理训练中，教师应适时给予学生反馈和指导，帮助他们纠正错误的思维方式，培养他们严谨、客观、有条理的思考习惯。这将有助于学生在面对现实生活中的复杂问题时，能够运用逻辑推理做出明智的判断和决策。

总之，通过利用名著中的情节和人物关系进行逻辑推理训练，教师可以有效地提升学生的逻辑思维能力，培养他们在面对问题时独立思考、善于分析、勇于探索的精神。这种教学方法对于学生综合素质的提升具有重要意义。

通过这些策略，名著阅读不仅能够提升学生的文学鉴赏能力，还能显著提高他们的思维技能，特别是在分析、解释、评价和推理方面的能力。这些技能对学生未来的教育和职业生涯都具有重要意义。

第四章 中国古典名著中的思政教育价值元素

古典名著是传统文化中的重要组成部分，并且人们在谈论传统文化的时候也经常谈论到古典名著，如《论语》《孟子》《道德经》《史记》等。因此，从思政教育的角度看，名著阅读与思政教育的融合不可避免地要结合传统文化中的元素。

第一节 中国古典名著中蕴含的公民道德教育理念

传统文化在中国历史上占据着重要地位，作为人类智慧的结晶，它不仅反映了历史的变迁和社会的发展，还蕴含着深厚的道德理念和价值观。传统文化通过文学、哲学、艺术等多种形式，传递出丰富的道德教育资源，这些资源在现代社会中依然具有重要的教育意义。名著作为传统文化的重要载体，往往通过生动的故事、复杂的人物关系和深刻的思想内涵，引导读者进行道德反思和价值判断。因此，将传统文化中的名著融入公民道德教育，不仅有助于学生理解和继承传统文化，还能培养他们的道德意识和社会责任感。

一、中国古典名著在传统文化中的重要地位

中国古典名著在传统文化中的重要地位不可忽视，它们不仅是文化传承的重要载体，更是思想教育的核心内容。这些名著通过对文学、哲学、历史等多方面的深刻探讨，塑造了中华民族的精神面貌，影响了一代又一代人的思想观念和价值体系。

（一）文学名著的魅力

中国古典文学名著如《红楼梦》、《西游记》、《水浒传》和《三国演义》，被称为"四大名著"，它们在文学史上占据着重要地位。这些作品不仅以其丰富的故事情节和生动的人物形象吸引了无数读者，更通过描绘社会风貌和人际关系，反映了当时的社

会现实和人们的精神追求。例如,《红楼梦》通过贾府的兴衰,展现了封建社会的腐朽和人性的复杂;《西游记》通过唐僧师徒的取经之旅,阐述了坚持不懈、团队合作的重要性。

(二) 哲学经典的智慧

中国古代哲学名著如《论语》、《道德经》、《孟子》和《庄子》等,蕴含着深邃的哲理和智慧。这些作品不仅探讨了宇宙、人类、社会等根本问题,还为人们的生活提供了具体的行为指导。《论语》中的"仁、义、礼、智、信"构成了儒家思想的核心,强调道德修养和社会责任;《道德经》则提倡"无为而治""道法自然",追求与自然和谐共处的理念。

(三) 历史经典的教益

中国古代历史名著如《史记》、《资治通鉴》和《汉书》等,是研究历史的重要文献。这些作品通过记录历史事件、分析历史人物和揭示历史规律,提供了丰富的历史知识和智慧。例如,《史记》不仅详细记录了从黄帝到汉武帝时期的历史,还通过人物传记的形式,揭示了历史人物的思想和行为动机,给人们以深刻的启示。

(四) 教化作用的显现

古典名著不仅是文学和哲学的瑰宝,更在思想政治教育中发挥着重要作用。它们通过生动的故事和深刻的道理,潜移默化地影响着人们的思想和行为。《三国演义》中的忠诚与智慧、《水浒传》中的义气与反抗精神、《红楼梦》中的爱与悲剧、《西游记》中的坚韧与奋斗,都对读者产生了深远的教育影响。这些名著通过塑造理想人格、传播道德规范,成为传统文化教育的重要资源。

(五) 文化传承的载体

古典名著作为文化传承的重要载体,记录了丰富的历史文化信息,保存了宝贵的精神遗产。它们不仅反映了不同历史时期的社会生活、思想观念和文化风貌,还通过代代相传,将中华民族的优秀传统和智慧传递给后人。例如,《红楼梦》的细腻描写、《西游记》的神奇想象、《论语》的道德规范和《史记》的历史记载,都在不同程度上丰富了中华文化的内涵和外延。

（六）影响力的延续

古典名著的影响力不仅在于它们在历史上的地位，还在于它们对现代社会的持续影响。无论是文学创作、哲学研究，还是历史教育，古典名著都提供了丰富的素材和深刻的启示。在现代教育中，学习和研究古典名著，有助于学生理解传统文化，培养道德素养，增强文化自信。

总之，古典名著在传统文化中的重要地位无可替代。它们不仅是中华文化的瑰宝，更是思想政治教育的重要资源。通过阅读和研究古典名著，人们可以汲取丰富的精神养料，提升自己的思想境界，为传承和弘扬中华优秀传统文化贡献力量。

二、中国古典名著中蕴含的道德教育理念

（一）儒家思想

儒家思想的核心理念包括仁、义、礼、智、信。这些理念构成了儒家伦理体系的基础，并对中国传统文化产生了深远的影响。仁是儒家伦理的核心，强调爱人和仁慈，倡导人们关心他人、行善助人，培养宽广的胸怀；义指道德正义和合宜的行为，鼓励人们在道德和法律的框架下行事，维护社会公正；礼是社会行为规范和礼仪制度，强调人们在日常生活和社交场合中的礼仪和礼节，促进社会和谐；智代表智慧和知识，鼓励人们不断学习，追求真理，提升自我；信强调诚信和信任，主张人们在个人和社会交往中应恪守诺言，建立信任关系。

在具体的公民道德教育中，教师可以通过多种方式将儒家思想融入课堂教学。例如，通过经典诵读活动，学生可以诵读《论语》《孟子》等儒家经典，深入理解其中的道德教义；通过案例分析，学生可以讨论现实生活中的道德问题，学习如何运用仁义礼智信的理念解决问题；通过社会实践活动，学生可以参与社区服务、志愿活动，实践儒家的仁爱和诚信精神，增强社会责任感。

总之，儒家思想中的仁、义、礼、智、信，不仅是中国传统文化的重要组成部分，更是现代公民道德教育的重要资源。通过对儒家经典的学习和实践，学生可以树立正确的道德观，提升个人修养，成为具有高尚道德情操和社会责任感的公民。

（二）道家思想

道家思想的核心理念包括无为而治和自然和谐。无为而治主张通过不干预自然发

展、顺应事物本质的发展规律，达到理想的社会状态。无为而治并不是消极的无所作为，而是强调顺应自然，遵循事物的发展规律，以最小的干预取得最大的效果。这种理念反映了对自然法则和人类活动的深刻理解，强调人与自然和谐相处的重要性。自然和谐则提倡人们在生活中保持内心的宁静和自由，追求与自然的和谐共处，通过内心的平和和外在的顺应，实现个人和社会的和谐。

通过将道家思想融入公民道德教育，学生可以学会自律和自我调节，理解人与自然和谐相处的重要性，培养宽容待人、尊重他人的品质。这不仅有助于个人的全面发展，也有助于构建和谐稳定的社会环境。道家思想的核心理念对现代公民道德教育具有重要的借鉴意义，可以帮助学生在现代社会中找到内心的平静和生活的智慧。

（三）佛教思想

佛教思想的核心理念包括慈悲为怀和因果报应。慈悲为怀是佛教的基本精神之一，强调对所有生命的关爱和同情。佛教认为，一切众生皆有佛性，因而应该平等对待，给予无条件的关爱和帮助。慈悲不仅包括同情和怜悯，还涵盖了积极的行动，通过实际行动来减轻他人的痛苦，带给他人幸福。这种精神不仅仅是对人类的关爱，还扩展到对所有生物的慈悲心怀。

因果报应是佛教的另一核心理念，它强调行为的后果，提出"善有善报，恶有恶报"的道理。佛教认为，人的一切行为都会带来相应的结果，这些结果可能在现世体现，也可能在来世显现。这种因果关系不仅适用于个人行为，也适用于集体行为和社会现象。因果报应提醒人们要对自己的言行负责，注重积德行善，以期获得好的果报，避免恶果。

佛教提倡通过修行和自我反省，达到内心的平和和智慧。修行是指通过各种佛教实践，如打坐、念经、持戒等，来修炼身心，提升个人的精神境界。自我反省则是通过内观和反思，认识到自己的不足和过错，进而加以改正。通过修行和反省，佛教徒可以净化心灵，消除烦恼，达到内心的宁静和平和，最终获得智慧和觉悟。

在实践中，佛教教义通过慈悲和因果的观念，引导人们行善积德，帮助他人，减少自私和贪欲，培养宽广的心胸和智慧的心灵。这种理念不仅对个人的成长和发展有深远影响，也为社会的和谐稳定提供了重要的精神支持。因此，佛教思想的核心理念在现代社会中仍然具有重要的现实意义，能够引导人们追求道德和精神的提升，实现个人和社会的和谐共存。

通过儒家、道家和佛教思想中的道德教育理念，我们可以为公民道德教育提供丰富的理论资源。这些传统文化中的智慧不仅可以帮助学生树立正确的价值观和道德标准，还可以培养他们的社会责任感、自律精神和慈悲心。将这些理念融入思政教育实践中，可以使学生更好地理解和继承传统文化的精髓，成为具有高尚道德情操和社会责任感的现代公民。

三、中国古典名著中的公民道德教育

（一）《论语》

《论语》是记录孔子及其弟子言行的一部经典著作，涵盖了孔子关于伦理、政治、教育等方面的思想。全书通过对话体的形式，展示了孔子在不同场合下对人生、社会、国家治理等问题的深刻见解。孔子的主要思想包括仁、义、礼、智、信等道德规范和伦理准则。这些准则不仅构成了儒家思想的核心内容，也深刻影响了中国的传统文化和社会道德体系。《论语》以生动的对话形式，将孔子与弟子们的交流记录下来，使读者能够通过这些对话，体会到孔子的智慧和思想深度，了解他在不同情境下对各种问题的独特见解。

《论语》通过具体篇章教育公民诚信、忠诚、仁爱。例如，在《论语·为政》中，孔子说："人而无信，不知其可也"，强调了诚信的重要性，认为诚信是做人立身之本，是社会关系的基础。在《论语·学而》中，孔子教导弟子们"己所不欲，勿施于人"，要求人们以仁爱之心待人，做到推己及人，建立和谐的人际关系。在《论语·泰伯》中，孔子指出："君子义以为质，礼以行之，孙以出之，信以成之"，强调君子应以义为基础，用礼仪来规范行为，以谦逊的态度待人，并通过诚信来成就事业。这些教诲不仅在古代社会中发挥了重要作用，对于现代社会的道德教育也具有深远的影响，帮助人们树立正确的道德观念和行为准则。通过学习《论语》，学生可以理解和实践仁爱待人、恪守诚信、尊重长辈和师长等道德规范，从而增强社会责任感和道德意识。

（二）《道德经》

《道德经》是道家经典著作，传说由老子所作，全书共 81 章。它以简练的语言阐述了道家"道法自然"的思想，强调无为而治、朴素自然、谦虚低调等理念。《道德经》不仅是一部哲学经典，也是一部重要的道德教育文本。书中所表达的思想深刻影响了中国乃至世界的哲学、政治和文化。《道德经》通过对"道"的探讨，揭示了宇宙的根本法则，提出人类应顺应自然法则，以达到与自然和谐共存的理想状态。全书语言简洁、富有诗意，每一章都蕴含着丰富的哲理和智慧，引导人们追求内心的宁静、智慧和道德修养。

《道德经》通过具体篇章教育公民自律、简朴、敬畏自然。例如，《道德经》第八章说："上善若水。水善利万物而不争，处众人之所恶，故几于道。"这句话教导人们要像水一样，滋养万物却不争名夺利，谦逊低调，追求最高的善行。水虽柔弱，却能包容万物，体现了"上善"的境界。

《道德经》第十六章指出："致虚极，守静笃。"这一章强调内心的宁静与清虚，教导人们在喧嚣的世界中保持内心的平静和自律。通过修炼内心的宁静，人们可以达到心灵的纯净和智慧的提升，避免被外界的纷扰所左右。

《道德经》第六十七章中，老子说："我有三宝，持而保之。一曰慈，二曰俭，三曰不敢为天下先。"这句话教导人们要持有慈爱之心，过简朴的生活，不争名夺利。慈爱、简朴和谦虚是道德修养的重要方面，体现了对自然和社会秩序的敬畏。

通过这些篇章，《道德经》向人们传达了深刻的道德教育理念，强调自律、简朴、谦虚和敬畏自然的重要性。这些理念不仅在古代对个人修养和社会和谐起到了重要作用，对于现代社会同样具有深远的影响。学生学习和实践《道德经》的道德理念，能够培养良好的道德品质，促进人与人、人与自然之间的和谐关系，实现个人和社会的共同进步。

（三）《三国演义》

《三国演义》不仅是一部历史小说，更是一部富有教育意义的经典文学作品。它的内容涵盖了广泛的政治、军事战略及深刻的人生哲理。在道德教育方面，本书通过各种生动的故事情节，传达了诸多深远的道德观念和行为准则。这些故事不仅仅在叙述历史，更通过历史人物的行为举止，反映了作者的价值观和对人性的深刻理解。

例如，书中多次描写曹操的政治手腕和军事才能，尽管他有野心和狡猾的一面，但也展示了他对国家和民族的深刻责任感。刘备的仁慈和厚德获得了民心，反映了"仁者无敌"的思想。此外，诸葛亮的忠诚和智慧，关羽的义气和勇猛，赵云的勇敢和忠心等，都是通过具体的叙述和情境设置，让读者理解并体会到这些道德品质的重要性。

《三国演义》通过这些故事模型，不仅丰富了中国文学的宝库，也为后世提供了丰富的道德教育资源。这使得本书不仅在中国，甚至在世界范围内都产生了深远的影响，成为值得一读再读的文学巨作。

通过《论语》、《道德经》和《三国演义》等名著，我们可以在思政教育中挖掘丰富的道德教育资源。这些经典作品不仅在文学上具有重要地位，而且在道德教育中发挥着不可替代的作用。通过具体篇章和故事情节的分析，学生可以从中汲取智慧，树立正确的价值观和道德标准，成为具有高尚道德情操和社会责任感的现代公民。

第二节 中国古典名著中丰富公民道德教育的内容

从以上的论述可以看到以古典名著为代表的传统文化富含深邃的精神特质和核心理念，这些理念在社会的不同层面得到体现。教育者将这种文化融入大学生的思想政治教育，既需要全面把握其内在精神特质，也要深入整合其核心理念。2017 年 1 月，相关政策文件《关于实施中华优秀传统文化传承发展工程的意见》也提出需要大力弘扬这些核心思想理念。

在大学生的思想政治教育中，将这类核心理念进行融合是关键一步，目的是固化和涵养社会主义核心价值观。然而，如何创新性地将这些传统理念用于培育现代价值观，学界还需进一步探讨和阐释。

一、讲仁爱

讲仁爱在儒家思想中占据重要位置。在《论语》中，孔子将"仁"作为常讨论的主题，提及次数超过百次，通过对弟子们不同的提问，他展现了仁爱精神的多面性和深刻内涵。孟子继承并发扬了孔子的仁爱思想，他提出"亲亲，仁也"和"仁，人心也"，进一步明确了仁的定义和重要性。荀子也强调仁的作用，认为"仁义德行"是社会常态安定的关键。

仁爱思想不仅是中华优秀传统文化的核心理念，更是其精神气质的表现，同时也是社会主义核心价值观培养的重要源泉。这一思想体系通过历代儒家学者的阐述和实践，成为指导中国社会道德实践和精神追求的基石。

（一）仁爱的内涵

仁爱在中华优秀传统文化中占据核心地位，它象征着人与人之间维持关系的基本情感。甲骨文中的"仁"字由"人"和"二"组成，象征两人间的关系，强调相互理解和尊重。许慎在《说文解字》中将"仁"解释为"亲也"，即亲密和关爱。

儒家思想中的仁爱概念被孔子和孟子等人深入发展。孔子在《论语》中多次探讨

"仁"，从不同角度回答弟子的问题，丰富了仁爱的内涵。孟子将仁爱的理念进一步明确，他认为"仁，人心也"，是人的本性。荀子也认为"仁义德行"是维护社会稳定的基础。

仁爱是维持人际关系的核心，如《礼记》和《中庸》所言，"仁者，人也"。孔子强调，仁的实践起始于家庭的孝悌，扩展到对社会他人的爱，是达到道德至善的基础。"仁者，爱人"，表达了人的内在情感和道德要求。

孟子进一步阐述，人的本质区别于动物在于具备"四心"：仁、义、礼、智，这些都是道德行为的起点。他通过一个故事说明了仁的本能——对井边玩耍孩童的自然关怀，展示了人的本性中的恻隐之心。

仁爱的实现需要个体的主观努力。孔子提出，仁由个人内心的道德自觉发起，是内在的品德体现。实践仁爱意味着不仅关心自己，也体恤他人，这种主观意志和内在意愿展现了人的道德美德和精神价值。

综上所述，仁爱不仅是中华传统文化中的一个核心概念，而且是人与人之间关系的情感纽带和个体道德自觉的体现，它要求人们在实际生活中以换位思考的方式相互尊重和关爱，达到个体与集体的和谐统一。

（二）仁爱思想对社会主义核心价值观"爱国""友善"的涵养

仁爱思想在中华优秀传统文化中扮演着核心角色，其主旨在于"爱人"。孟子在《尽心上》中提到，"亲亲而仁民，仁民而爱物"。这句话深刻表达了从个人到社会，再到自然的爱的扩展，即通过内心深处的仁爱情感逐步将爱推及他人及万物。

仁爱精神体现为人与人之间的相互尊重、彼此关爱、互相理解和宽厚待人，这是一种崇高的美德和博爱的胸襟。它不仅是中华民族的基本精神和传统美德的基点，而且是促进民族和睦、包容、团结和亲如一家的精神内涵。

在日常生活的不同层面上，仁爱的表现形式多样：在个人和家庭关系中表现为"友善"，爱护家人同时关爱他人；在社会和国家层面则转化为"爱集体"、"爱社会"和"爱国家"。这些不同表现形式均是仁爱思想在现代社会中的具体实践。

第一，"爱国"仁爱思想在宏观层面的体现，反映了中国传统的"家国一体、家国同构"的观念。爱国情怀在中华民族历史上一直是一种强烈的情感，孕育了"国而忘家"和"以天下为己任"的爱国主义传统。这种传统不仅是全国人民的共同精神支柱，也深入影响着每一个中华儿女的思想、情感、意志、信念及其言行，是中华优秀传统文化在新时代中国特色社会主义的创新性表达和实践转化的重要方面。

　　一是爱国情怀根源于对国家文化传统和历史底蕴的深刻认知与认同。每个人的生活背景都深植于特定的文化和历史条件中，因此，弘扬爱国主义精神必须伴随对中华民族历史和文化的尊重与传承。中华优秀传统文化的思想智慧继续在我们的认知模式、心理态度及行为方式中悄然发挥影响。真正的爱国情感建立在对这些民族文化传统的深入了解和认同之上。为了与现代社会生活建立连接，我们需要从精神深处唤醒传统文化中的积极元素。例如，现代的进步观念"与时俱进"与古代的"与时偕行"相呼应，"人类命运共同体"思想与"天下为公""协和万邦"不谋而合；"不忘初心"与"赤子之心"共鸣，"以人民为中心"的理念与"民惟邦本"的传统观点内在相关。这些都显示了传统与现代观念之间的连续性。中国特色社会主义文化的繁荣并非无根之木，而是在马克思主义的指导下，通过对中华优秀传统文化思想资源和精神智慧的创新性转化与发展，使之绽放新的时代光芒，焕发活力。因此，深入挖掘中华优秀传统文化中以爱国主义为核心的民族精神的时代价值，深化对中国特色社会主义文化与中华优秀传统文化深度融合的认识，是我们建立坚定文化自信的基础。通过这种文化自信，我们的爱国核心价值才能拥有明确的内容、具体的方向和文化的表达形式，从而确保爱国情怀在新时代中的正确传承和发展。

　　二是爱国情感是个人成长和发展过程中的基本情愫和持久情感。它源自个体对自己在祖国中所受益匪浅的成长环境的感恩，同时也是对古老格言"天下兴亡，匹夫有责"的现代解读。正如一个婴儿无法脱离母亲独立生存，每个人的生活也离不开国家的繁荣稳定。我们的祖国，即使在我们日常生活中可能被忽视，实际上是我们存在的坚实基础。国家的发展状态直接影响个人的生活质量和成长环境，而个人的成才与否也反过来影响国家的未来。因此，爱国意味着珍视自己的生活，尊重自己所拥有的一切，包括成长的历史和所获得的各种机遇。此外，爱国还要求每个人都应致力于自身的全面发展，立志成为能够支撑社会的栋梁之材。这不仅是个人职业成功的表现，更是对国家贡献的体现。每个公民都应承担起为祖国服务和奉献的责任，通过自己的努力和行动来体现和弘扬"天下兴亡，匹夫有责"的爱国精神。这种精神不仅强调个人责任的重要性，也强调在全球和国家面临挑战时个人应承担的角色和责任。

　　三是爱国主义作为一个历史性概念，在不同的历史阶段展现出不同的形式和特点。其核心实质是作为凝聚全国人民、激发共同奋斗精神的支柱和意识形态。在传统社会中，爱国表现为个人将自己的政治抱负和思想主张奉献给国家的发展，这种形式的爱国主义充满了"为万世开太平"的宏伟气韵和"我以我血荐轩辕"的雄壮气象。在革命战争年代，爱国主义则转化为抵抗外来侵略和推翻压迫的壮举，展现了"国土不可断送，人民不可低头"的浩然正气。进入建设发展的新时期，爱国主义成为激励和凝聚人民群众自强不息、努力实现中华民族复兴的精神旗帜。它推动中国特色社会主义的伟大事业不断前进，成为五十六个民族共融共生的精神支柱和文化纽带。整体而言，中华民族的发展历程得益于一代又一代怀有爱国情怀的人士的推动和奉献。爱国主义在不同时期具有不同的面向和功能，但始终是激励中华儿女共筑国家繁荣的强大动力。

第二，"友善"是中华优秀传统文化中仁爱思想在人际关系微观层面的体现，是人与人相处的基石。孔子在《论语》中提到，"君子笃于亲，则民兴于仁"，强调了家庭是仁爱的起点。如果一个人能在家庭中表现出仁爱，这种情感自然会扩散到整个社会，使得社会关系和谐。中华传统文化深刻重视家庭伦理关系，认为这些是维系社会和谐的根本。家庭中的仁爱情感，如孝悌，是构建社会宽广友善氛围的基础。《论语》亦言："孝弟也者，其为仁之本与！"表明仁爱起始于家庭中对父母兄弟的爱。然而，如果一个人在自己的家庭中都无法表达仁爱，对于父母和兄弟姐妹缺乏基本的亲情，则其对集体、社会、国家的爱恐怕也只是空谈或形式主义。没有在家庭中实践的仁爱，社会和国家层面的爱国主义也可能变得虚假和无效。儒家思想中的仁爱不区分远近高下，其核心在于真诚地将爱扩展到所有人。这种爱从家庭开始，逐步扩散至社会和国家，真正体现了孔子所说的"亲仁"，即以真诚之心对待他人。孟子的"老吾老以及人之老，幼吾幼以及人之幼"进一步强调，我们应将对本家老人和孩子的关爱同等地扩展到对他人的老人和孩子。因此，仁爱是从家庭中的孝悌开始，通过家庭的小范围实践，逐渐推广到整个社会，建立起一个充满仁爱和友善的社会环境。这种由内而外的扩展方式确保了爱的真实性和持久性，而不是因距离的远近而有所差别。正如儒家经典所强调，"祭神如神在"，我们对待每一个人的态度都应如对待自己亲人一般真诚和尊重。

二、重民本

（一）民本的出处及内涵

民本思想具有深远的根基和历史渊源，源自《尚书·夏书·五子之歌》中的"民惟邦本，本固邦宁"。这句话强调，人民是国家的根基，只有这一根基稳固，国家的团结与安宁才可能实现。此外，《尚书·洪范》中的"天阴骘下民"描述了天的角色在默默地爱护和养育人民，进一步强化了重民安民的民本思想。

　　民本思想的核心在于以人民为国家社会之根本，认为只有把人民群众视为立国之本、治国之基，社会才能实现稳定和谐，国家才能繁荣强盛。从周代的将人视为"万物之灵"到孟子的"亲亲而仁民"，再到宋代张载的"民胞物与"，历代圣贤都非常注重人的价值和尊严，关怀人的存在和福祉。中华文化中的民本思想与马克思主义的唯物史观相契合，都强调人民群众在历史发展中的主体地位，以及人作为改造自然、推动社会、提升自我中的决定性力量。

　　民本的核心精神是爱民，这源于对天道运行规律的理解。如《左传·襄公十四年》所言："天生民而立之君，使司牧之，勿使失性……天之爱民甚矣。"这表明君主应仿效天的行为，爱护人民，不可凌驾于民之上，使民众丧失其本性。孟子以"不忍人之心"为思想基点，认为每个人天生具有的同情心，即"恻隐之心"，应广泛推广至社会治理中，以营造"亲亲而仁民，仁民而爱物"的和谐社会。荀子也指出："君人者，爱民而安"，彰显了通过爱民实现社会安定的民本理念。

　　综上所述，民本思想是中华优秀传统文化中以人民为本的体现，强调以民为本的治理精神和对人民深厚的关爱，是推动社会和谐与国家繁荣的关键。

（二）民本思想在中华优秀传统文化中的体现

　　"以民为本"的人本精神，其中的"爱民、顺民、富民、教民、惜民"等思想体现了对人民的全面关怀。这些思想指向一个共同目标：实现民的福祉，具体表现为"惠民利民、安民富民"，这些都强调了政策的根本目的是爱民。在古代文献如《尚书·大禹谟》中，提到"德惟善政，政在养民"，意味着治国理政的根本在于使民众得到实实在在的好处，享受安稳和繁荣的生活。这种以人为本的治理方式强调尊重和激发人民的主体性和创造性，即通过有效的政策帮助人民解决问题，确保社会的和谐稳定。儒家思想在这一文化传统中占据核心地位，始终强调对人的尊重和关怀。《论语·乡党》记载了孔子在面对家中火灾时首先关心人的安危而非财物损失的故事，典型地反映了儒家重视人的生命和尊严的人本关怀。这种关怀不仅仅是对现实中人的尊重，也体现在对个体自我提升的重视上。儒家学说认为，每个人都应致力于自身的道德和智慧修养，通过不断学习和实践达到"君子谋道不谋食"的境界。这一思想与《大学》中的"修身为本"相呼应，强调通过个人的努力实现自我超越，最终达到了解和运用生命智慧的高层次。因此，儒家学说被称为"人学"，它以人的全面发展为核心，关注人的内在成长和外在条件的改善，努力营造一个既尊重人的主体地位，又促进人的全面发展的社会环境。从孔子到荀子的思想都表明，通过个体的努力和社会的支持，每个人都能在理解人生大道的过程中实现自我超越，提升至圣人的智慧境界。

重视民本是群众史观的核心展现。在这一文化体系中，特别是儒家思想里，民本思想主要通过"德治仁政"的治理方式来体现。儒家推崇德治和仁政，基于一种深层的民本价值观。以孔子为代表的儒家学派，提出了多项以人民为本的治理理念，认为只有当统治者实施德性与仁爱的政策时，社会才能达到和谐与安宁。在《论语》中，孔子提到"为政以德"和"道之以德"，强调治理者应以德性感化民众，用礼节引导社会。孔子的弟子有若在与鲁哀公的对话中进一步强调，在遭遇自然灾害等困难时期，治理者应与民众共同承担疾苦，共同面对命运，更应彰显出同舟共济的精神。只有当百姓群众能够安居乐业、富足安康，国家才能步入真正的稳定、繁荣和和谐发展之路。此外，施政者本身也需以身作则，成为仁爱之君、正直之士、礼仪之主和有德之圣。《荀子》中的《君道》篇章描述君王应如同度量时间的标尺，"仪正而景正"，意味着治理者自身必须具备高尚的德性，成为社会的正人贤人，从而保障社会的整体安定。这种从顶层到底层的德治仁政，不仅是儒家的治国理念，也是其深厚的民本思想的实际应用，体现了中华传统文化对人民的深切关怀和尊重。

"重民本"的核心在于赢得和保持民心。实现这一目标的基础是始终坚持"以人为本"和"以人民为中心"，并全心全意为人民服务。正如《管子·牧民》所述："政之所兴在顺民心，政之所废在逆民心。"这表明只有顺应民心，才能保全天下；人民的心向哪里，天下便归向哪里。这与《大学》中的"得众则得国"是同一理念。孔子强调，志向从政的君子士人应从"格致诚正"做起，坚持以德修身为根本，只有通过"修身修己"，才能实现"安人"和"安百姓"。孟子也曾劝告君主和统治者，在社会治理中应深切关注民众，不可对民众的疾苦视而不见，否则将走向桀纣那样的暴政而自取灭亡。孟子指出，"失其民者，失其心也"（《孟子·离娄上》），强调只有真正做到以民为本，才能赢得人民的支持和信任。民心的稳定是国家稳定的前提。如果民心不安或不定，那么国家也将无法安宁。因此，"惠民利民、安民富民"的政策要求治理者必须了解并顺应民意。正如《晏子春秋》所言："德莫高于爱民，行莫厚于乐民"，这突显了在中华优秀传统文化中，社会治理的成功关键在于洞察民情、顺应民意、凝聚民心。政府的合法性和治理的有效性，部分由民众的广泛支持和深厚的信任构成。

（三）用民本思想涵养和培育社会主义核心价值观中的"民主""平等"

民本思想的核心是以人为本，体现了一种具有原创性和启蒙性的民主精神。在建设中国特色社会主义伟大事业中，民本思想已经转化为始终坚持以人民为中心的现代理念，这包括牢固树立人民至上的理念，尊重人民群众的创造精神，以及重视人民在推动历史进步和社会发展中的重要作用。中国特色社会主义的民主建设，积极融合中华优秀传统文化中的民本思想。这种思想与中国特色社会主义民主的建设密切相关，它为社会主义制度提供了文化的根基和历史的连续性。因此，中国特色社会主义民主不仅展现了社会主义政治制度的优势，也深深植根于中华文化之中，展现了独特的思想内涵和文化自信。然而，从制度层面来看，中华优秀传统文化的民本思想并不直接等同于社会主义核心价值观中的民主概念。尽管中华民本思想在中国传统社会政治领域中孕育了民主的基因和早期思想，与中国特色社会主义民主的现代内涵存在显著差异，它仍然为社会主义民主提供了丰富的文化滋养和思想资源。中国特色社会主义民主的制度化和法治化正在将民本思想赋予新的时代内涵，这不仅是民本思想向社会主义民主价值观念的创造性转化，也是确保其实现和发展的关键环节。

中国特色社会主义民主的核心在于确保人民主权，这不仅是社会主义民主政治的本质特征，也深刻体现了以民为本的文化精神。如党的指导思想中所强调，"人民当家作主是社会主义民主政治的本质特征。"同时，"想群众之所想"是我们党以民为本的生动实践。这一理念在《大学》中有所体现，描述人民为"民之父母"，而习近平引用《老子》的"以百姓心为心"，进一步强调了共产党员需要从文化和思想层面深刻理解党的根本立场和初心，即"为了谁、依靠谁"。

此外，中国特色社会主义民主也表现为"爱民"，即通过群众路线密切连接党与人民的关系，如同"种子"与"土地"的依存关系。中国共产党坚持全心全意为人民服务的宗旨，代表并维护人民群众的利益，这是中国特色社会主义民主得以实现的基础。

中国特色社会主义民主政治不仅继承了中华优秀传统文化的民本思想核心——爱民和安民，还通过制度化途径对这些传统理念进行了现代化的超越。它提出"江山就是人民，人民就是江山"的新民主诠释，突出显示了中国特色社会主义民主的政治优势和文化特性。这种政治形态充分展现了以民为本的深层文化价值，确保了民主的实质性内容与民族的文化自信相统一。

所有价值观都植根于某种深层的文化理念，其中，"平等"的价值观依托的就是"民本"思想。"民本"不仅是"平等"的前提条件，也是其基本要求，深刻地体现了"以民为本"的思想理念。真正的"平等"只能在坚持以民为本、以人民为中心的基础上实现。这意味着，只有当重视每个人的主体性价值和人格性存在时，"平等"

才具有真实和深远的意义。反之，如果偏离了"以人为中心"和"以民为本"的原则，所谓的"平等"便可能变成少数人之间的平等，失去其广泛的社会意义。在中国的先秦时期，平等的观念便已初现端倪。墨子的兼爱思想强调对待所有人应无差别地施以爱，认为所有人都平等地属于上天的子民，不应有长幼贵贱之分。庄子在《齐物论》中进一步阐述了这种平等观念，他提出世间万物在"道"的视角下都是平等的，这种平等观不限于人与人之间，还扩展到人与自然万物之间，主张"物无贵贱"。庄子的思想超越了常规的是非、善恶、贵贱的二元对立观念，认为"天地与我并生，而万物与我为一"。这种视角不仅表明人与人之间的平等，也展示了人与自然及所有万物之间的平等。他继承并发扬了老子关于"道"的思想，推崇一种自然的、普遍的平等观，即"万物一齐，孰短孰长"。这些早期关于平等的思想理念至今仍对社会主义核心价值观中的"平等"文化意涵产生深远的影响，为现代的社会政治理念提供了丰富的文化滋养和理论支撑。

三、守诚信

（一）诚信的出处及其内涵

"诚"和"信"是核心的道德价值观，深刻体现了儒家的伦理思想。《说文解字》中解释"诚，信也"，表明"诚"是一种发自内心的真实状态的流露。古人通过观察天文和四时变换，总结出"天行有常""四时不忒"的自然规律，由此领悟到"天道之诚"和"自然之诚"。人应当学习自然界的这种不变与规律性，将其内化为人际交往和个人行为的准则——"择善固执"。《中庸》中指出："诚者，天之道也；诚之者，人之道也。"这说明诚实不仅是自然的表征，更是人类行为的基石。《孟子》亦提到，"是故诚者，天之道也；思诚者，人之道也"，意味着诚实是连接天与人的桥梁，是实现天人合一的基本道德要求。对于"信"，其金文字形由"人"和"言"组成，指一个人所说的话，也就是言语上的承诺。《说文解字》对此注解为："信，诚也。从人，从言"，表示信赖是基于人的言行一致。《墨子经》中的"信，言合于意也"进一步阐释了信赖的含义是言行一致，真实无伪。这体现了言行的一致性和内心的真实性，即做到言为心声，行为意之发，确保言语和行动在现实中的一致性与实现。综上所述，"诚"和"信"在中华优秀传统文化中不仅构建了个人的道德行为基础，也是社会交往的重要纽带，反映了从个人到社会的广泛道德要求，即诚实与信赖。这些价值观持续影响着社会主义核心价值观的形成和发展，为现代社会提供了丰富的道德资源和文化自信。

"信"这一概念在中华文化中起源于对自然天地规律的观察与信赖，认为自然的持续运行依赖一种不变的"信"——诚信。《吕氏春秋》中提到"天行不信，不能成岁"，意味着自然界的规律性和可信赖性是四季变换和万物生长的基础。《左传·文公元年》中也强调"信，德之固也"，而《周易》中的"忠信，所以进德也"进一步表明，诚信是所有道德德行的基石。古人将自然界的这种诚信原则应用于人类社会，认为"人无信不立"，强调个体的存在和社会的良性运转都离不开诚信。这种思想也是现代和谐社会构建的基本准则。在道德修养方面，诚与信是相互依存、相辅相成的关系。诚实是内心的真实状态，信守则是这种状态的自然表达。《说文解字》中，诚与信相互解释，显示二者本质的一致性。内心的诚实自然会引导人信守承诺，而实际的言行则是内心诚实的直接体现。在《逸周书》中，"信诚匡助，以辅殖财"表述了诚信不仅有助于个人道德的修养，也是社会和经济发展的助力。自然界的"天行有常""四时不忒"是自然诚信的体现，而将诚信内化为个体的行为准则，则是《大学》所说的"诚于中，形于外"和《中庸》的"唯天下至诚"。总之，诚信不仅是自然运行的基本法则，也应成为人类行为的基本原则。通过将诚信内化于个人心性，社会和自然界才能维持有序与和谐，这是儒家将诚信视为修身、治国、平天下的根本之道。

（二）用诚信思想涵养社会主义核心价值观"诚信""敬业"

诚信是社会主义核心价值观在个人层面的重要内容，同时也是中华优秀传统文化中极为推崇的美德。社会主义核心价值观中的"诚信"继承并发扬了中华传统文化中的诚信思想。

在社会主义核心价值观中，诚信是建立在个体内心真诚的基础上的。这种真诚，即诚心，指的是内心的真实与不虚伪，不仅自身不欺骗，也不对他人欺骗。正如《增韵·清韵》所言："诚，无伪也。"有了诚心，个体才能树立起诚信，这种诚信不仅构筑了光明磊落的人格基石，还能激发真诚友爱的人格魅力，进而营造一个诚实守信、重信守诺、言行一致的和谐社会氛围。孟子在《尽心上》中提到，"反身而诚，乐莫大焉"，说明通过不断自我反思和内省，个体可以维持一种真诚无伪的状态，享受内心的安宁和精神的愉悦。诚信不仅是个体内在优良品格的体现，也是主体修身的基本要求，是构成道德主体不可或缺的人格品质，正如《论语·颜渊》中所述："民无信不立。"在中华优秀传统文化中，先贤们将诚看作人的内在规定性和本质特征，是个体立身处世的根本。《论语·为政》中孔子比喻道："人而无信，不知其可也。大车无輗，小车无軏，其何以行之哉？"强调如果一个人不守信，其生活和事业将难以进行。

新时代的公民道德建设强调"心诚"为实现诚信的首要条件；只有心存诚实，个体才能保持身心和谐，诚实做人才能心灵安宁。相反，虚伪将带来内心的痛苦与冲突。因此，诚信不仅是日常生活中的必备品格，更是处理个人、他人及与社会关系的道德基石，体现在"勿自欺"即为"诚"，"勿欺人"即为"信"的原则上。

诚信是社会和谐及治国理政的道德基石。在《论语·颜渊》中，孔子强调，即使在物质极为丰富和军事力量雄厚的情况下，诚信仍然是最关键的要素。他提出，即便在"去兵""去食"的情况下，也绝不能放弃诚信。这表明，孔子认为诚信不仅赋予个体人格力量，也为社会带来和谐的能量；"无信不立"不仅是对个人的教导，也是治理国家的重要准则。因此，国家的强大不仅体现在物质和军事上，更关键的是在于道德层面构建一个诚信的社会。正如《论语》所述："道千乘之国，敬事而信。"在全球化时代，诚信作为社会主义核心价值观之一，不仅是国内社会和谐的基础，也是国际关系中处理政治互信的基本原则。此外，"敬业"也深受中华优秀传统文化中诚信思想的滋养。传统文化中的诚信思想在人的行为上体现为诚信，而在职业行为上则表现为"敬业"。《礼记》中提到"三年视敬业乐群"，显示"敬业"一词的历史渊源。敬业源于内心的诚：如果没有内心的诚，对世间万事万物都不可能存有敬意。如《广雅》所述："诚，敬也"，表明诚信思想的另一表现是敬，涵盖尊重、谨慎、虔诚等多种意义。《周易·坤·文言》中的"君子敬以直内"进一步说明，这种敬是建立在真诚正直的内心基础上的。《周易·乾·文言》提出："修辞立其诚，所以居业也。"诚是完成各项任务的前提，无论是学业、家业、职业还是事业，都必须首先坚守诚信，以真诚的态度敬业，才能确保事业的稳定和长远发展。因此，敬业是所有职业发展的基础，是成功和成就事业的根本。

"敬"在中华优秀传统文化中不仅包含了"诚"的意义，还蕴含了"畏"的涵义，形成了"敬畏"的概念，即始终保持一种敬畏和警惕的心态。这种敬畏源于古人对天的尊崇，如在儒家思想中体现为对天命和天道的敬畏。孔子在《论语·颜渊》中讨论社会治理时提出，物质丰富和军力强大虽重要，但核心仍是内在的"诚信"。他强调，"无信不立"，即信任是国家治理的根本。即使在资源匮乏的情况下，诚信依然不可或缺。孔子认为，成为真正的君子应具备"三畏"，其中之一便是"仰不愧于天"，表现为对天的敬畏。董仲舒也曾警告，不敬天将招致隐形的灾祸。这些教导均强调，无论从事何种活动，都应持有诚挚和敬畏之心，这种敬畏精神是敬业精神的核心，体现了对职业的尊重和专注。

"敬"不仅是天生的品质，而是需要通过后天的修养和努力来培养。孔子在《论语·宪问》中提出"修己以敬"，强调通过内心的修为来实现对外的敬业。敬业也关乎专一和专注，这在《礼记》中有所体现，指出敬业能够促进学习和工作的专注，是成功的关键。敬业是中华优秀传统文化中"诚信思想"的一个重要方面，表现为在工作和生活中的诚实和尽责。社会主义核心价值观中的"敬业"强调在自我提升和社会实践中恪守职责，追求卓越。这种价值态度不仅是个人职业行为的标准，也是新时代中国特色社会主义职业精神的体现。劳动是社会进步的基石，具有创造性和生成性，不仅塑造了个人，也塑造了民族的精神。改革开放以来，劳模精神、劳动精神、工匠精神等都是诚信思想的现代表现，是"敬业"的具体实践。敬业精神在建设社会主义现代化强国的过程中尤为重要，它不仅是时代精神的体现，也是推动社会全面发展的动力。在全民族复兴的征程中，敬业精神鼓舞人们以专注和奉献的态度贡献自己的力量，展现了新时代公民的价值追求和行为准则。

四、崇正义

（一）正义的出处及意涵

正义思想本质是对"义"（繁体字"義"）的重视和崇尚。"义"是儒家提倡的"五常"之一，也属于"礼义廉耻"四维的一部分。从甲骨文来看，"义"的上半部分是"羊"，代表祭祀中的牺牲品，下半部分是"戈"字的变形，象征用于祭祀的礼器。这两个部分结合，象征在祭祀过程中恰当地使用礼器分割牺牲羊，意指在正式场合中适宜而庄严的行为和仪式。因此，"义"强调了对事物和利益进行公正适宜的分配，是行为合宜和符合礼仪的体现。

《礼记·中庸》中解释"义者，宜也，尊贤为大"和《周易·乾·文言》中的"利物足以和义"均展现了"义"的基本含义是合乎时宜、符合事宜的行为，使人感到恰当合适。这种"合宜"的概念展现了"义"的主观性维度。进一步地，"义"还内含"正"义的概念。"义者，正也。"（《墨子·天志下》），孟子定义"义"为"人之正路"，指引人们走正道，反对歪门邪道的行为。这里的"正道"是价值公正的标准和法则，强调行为的客观性、公众性和群体性，即遵循天道和人伦的正道进行行事。在古代文献中，"正义"这一概念最早在《荀子·正名》中以动宾结构出现，表示通过行为来维护义的公正状态，如"行义以正"（《荀子·赋篇》）说明了通过实践来确保义的正确性。随着语言的演变，"正义"从动宾结构演化为偏正结构，形容词"正"用来修饰名词"义"，表达公正无私、合乎大众利益的行为，成为社会道德的标准。因此，正义在中华文化中不仅是一种道德追求，也是实现社会和谐与公正的重要价值观，体现了中华文化在社会发展和个人行为指导上的深远影响。

（二）正义思想在传统文化中的体现

在儒家思想中，"义"是君子人格的核心构成部分，被视为个人品格的基石。孟子将"义"视为人与禽兽的区别，认为它是人之所以为人的根本标准和内在依据，具有天生的、根本的和内在的特质。《论语》指出："君子喻于义"，强调君子的行为和决策都应以义为导向，体现其为人处世的基本法则。因此，没有"义"的人不能称为君子。"义"作为个人行为的准则，孟子描述为"人路"，即人们在社会中行走的道路。它不仅是个体行为的指南，也是社会道德的尺度和轨范，体现了人间的正义和社会的良知。作为行为准则，"义"指导个体如何在社会中合理行事，确保每个行为都符合道德和正义的要求。

此外，孟子的"四端"理论中提到，义的感知始于"羞恶之心"——一种内在的、对不道德行为的自然厌恶。这种感觉是维护尊严、遵守道德的起点，标志着一个人从基本的道德感知迈向更高层次的道德实践。从社会功能角度来看，"义"也是安身立命的基础。如《礼记·儒行》所述"不祈土地，立义以为土地。"意味着"义"本身就是人们立足社会的根基，不依赖物质条件。《周易·系辞传下》中的"禁民为非曰义"进一步阐释了"义"的社会作用，即通过禁止不正当行为，维护社会秩序和道德规范。

"义"在中华优秀传统文化中是一个重要的道德观念和社会价值衡器。荀子提出的"公义胜私欲"中的"公义"，代表社会公德，即整个社会共同遵循的价值规范。这些规范不仅存在于社会结构之中，而且外化于社会个体，对人们的道德观和价值判断起到了重要的规制和导向作用。正如《礼记·乐记》所述："义以正之"，"义"在道德和价值领域中维护并调节社会整体利益，培养社会良知，规范行为，纠正偏差。

孔子强调君子应"见得思义"和"见利思义"，这是《论语》中的核心观点。这表明个体在追求财富和地位时，必须考虑其行为是否符合社会的公义和正义。只有符合公义的收益才能使人心安理得；反之，违背公义的所得则为社会所不容。孔子自己也说："不义而富且贵，于我如浮云。"这反映了在中华传统文化中，"义"被广泛认同为一种价值导向，是社会良性运转的坐标，具有整合社会并推动其正向发展的功能。

此外，"义"也体现了社会主体的责任感。《论语·微子》中提到，君子在社会治理中应"行其义"，意味着所有的决策和行动都应当遵循社会道义，不能有违信义。

真正的君子在处理公共事务时，必须将个人的利益置于社会责任和公共利益之后，考虑的应是国家和民族的整体利益。孔子进一步将"义"比作至高无上的"天"，强调面对社会和国家的责任时，君子应舍小利为公利，"苟利国家，不求富贵。"（《礼记·儒行》）

综上所述，"义"作为儒家的核心价值观，不仅规范了社会行为和秩序，还强调了承担社会责任和完成历史使命的重要性。它不仅是一个道德标准，更是一种深厚的社会责任感和广泛的使命感的体现，显现了中华优秀传统文化中的深层价值。

（三）"正义思想"涵养核心价值观中的"富强"和"公正"

"崇正义"作为中华优秀传统文化的核心理念之一，深刻影响着个人行为和社会治理。孔子在《论语·阳货》中提到，"君子义以为上"，强调无论个人行为还是事业创立，都应以义（道德的品格）作为指导原则。正义不仅涵养个体的道德品格，还规范个人行为，树立正确的价值观，并承担相应的社会责任。相较于"守诚信"的个人真诚和真心，"崇正义"更强调公正无私和大义。中华传统文化中的"正义思想"代表一种历史性的社会价值导向，它融合了历史抽象与现实具体的元素。无论是在任何时代背景下，判断正义的标准都在于其是否符合历史发展的规律和大多数人的根本利益。

在社会主义核心价值观的"富强"维度中，正义思想提供了重要的文化支撑。"义以生利，利以丰民"（《国语·晋语一》）表明，坚守正道和道义是国家富强的基础。这里的"义"意味着公正和道德规范，而"生利"则是指创造和积累财富，最终通过合理分配使民众受益，从而达到"国富民强"的目标。无论是"利以丰民"还是《左传》中的"义以生利，利以平民"，都强调了通过公正的方式创造和分配财富，以此实现国家的富强和民众的富裕。

"正义思想"也是社会主义核心价值观中"公正"的基础。在中华优秀传统文化中，正义要求社会治理必须符合广大民众的利益和人类社会的发展规律。"义，人之正路也"（《孟子·离娄上》），即公正无私的行为标准，是执政者的行动准则。所有物质财富的获取和使用都应遵循正义，确保其合法性和公正性，这是中国特色社会主义制度的制度保障。中国特色社会主义核心价值观的公正原则，体现在以人民利益为最高追求，确保所有政策和行动都为人民带来实际利益。

社会主义核心价值观中的"公正"体现了中国特色社会主义的本质。公正是人类社会长期追求的一种价值，被视为理想生活的核心目标。古语有云："大道之行，天下为公"，描绘了中国传统社会对公正的理想期望。历史上，不同文明阶段对公正的理解和表现各有不同，但其核心始终是公平合理地分配资源，以确保社会的良性运作和和谐发展。马克思主义的唯物史观强调，公正观念是具体的、历史的，与社会各阶层或团体的经济地位和利益诉求密切相关。在社会主义社会，公正追求的是最广大人民的根本利益，核心在于按公平合理的标准分配权利和义务，并通过社会主义的制度体系确保和实现这些利益诉求。

中国特色社会主义核心价值观所倡导的公正，不仅继承了中华传统文化中的正义思想，还强调"以人为本"和"以人民为中心"的价值理念。与此相对的是资本主义社会的公正观，这种公正建立在资产阶级利益之上，以资本逻辑和商品经济的等价交换原则为基础，实际上掩盖了对劳动者和无产阶级的剥削及不平等。公正的实际实现在中国特色社会主义中得到了制度保障。依托公有制主体和按劳分配的基本经济制度，结合不断推进的社会治理现代化，中国不仅保证了社会生产力的优质发展，而且通过合理的分配机制，扩大了中等收入群体的比例，有效避免了社会不公和分配不平的问题。这种制度安排持续满足人民对美好生活的需求，并构建了一个更加公正合理的社会环境。

中华优秀传统文化中的正义思想与社会主义核心价值观中的"公正"和"富强"具有密切关联，核心在于正确处理"义"与"利"的关系。在传统文化中，"义"与"利"构成了生活实践中的基本矛盾对，它们不是完全对立的，而是形成一个统一体。现实中，对"义"与"利"的不同取向不仅塑造了个人的人生观和价值观，还决定了其生活轨迹。这些哲学范畴的处理方式也反映了治理国家的不同理念。

孟子在与梁惠王的对话中表达了这一点："王亦曰仁义而已矣，何必曰利？"他并未否认"利"的重要性，而是强调在"义"之后考虑"利"，反对将利益置于义务之前。孟子认为，如果治国理念是先利后义，将导致贪得无厌的后果，从而强调"义为利先"的治国原则。正义在他看来，是国家富强和执政合法性的根本前提，"义"与"利"是不可分割的两面，正义的路径自然带来合理的利益。

在新时代中国特色社会主义中，"公正"和"富强"体现了这种义利观。市场经济中的利益追求可能导致人们价值观的扭曲，偏向于物质主义和功利主义，从而忽视了"义"的重要性。然而，社会主义的优越性在于能够平衡这两者，通过科学合理的方式分配财富。在这个视角下，"富强"与"公正"是相辅相成的双面：只有在确保社会公正的基础上扩大经济总量（"富强"），社会的公正（"公正"）才能得到实现，反之亦然。

因此，富强是增加财富的过程，公正是确保这些财富公平分配的过程。社会主义核心价值观强调，真正的社会发展应在富强的基础上实现广泛的公正，这样的社会才能真正体现社会主义的本质和优势。这种价值观不仅是社会主义的应有之义，也是其必然的价值追求，确保了国家的全面和谐发展。

五、尚和合

"和合"是中华优秀传统文化中的核心概念之一，源自古代的"和"文化。这一概念体现了中华民族对中和、和睦、和平与和谐的深厚热爱与持续追求。中华文明拥有逾五千年的悠久历史，始终将和平视为其根本追求，这种对和平与和谐的追求已深深扎根于中华民族的精神世界，并融入中国人民的血液之中。"和合思想"不仅是中华文化的一条主要纽带，而且深刻影响着中华民族的集体意识和整个炎黄子孙的精神世界。这种思想强调的是万事万物相处的和谐，以及在人际交往和社会关系中寻求平衡与共处之道。

（一）"和合"的出处及其内涵

"和合"源自古代的"和"文化，体现了中华民族对中和、和睦、和平与和谐的长期追求。历史悠久的中华文明，始终将和谐作为基本精神追求，这种思想深植于民族的精神世界，渗透到人民的生活中。

"和"字的本义与音乐紧密相关，其金文形态由"口"和"禾"组成，象征着音乐中的和谐与节奏。初源于音乐的"和"，表征着事物间的节奏匹配和谐调整，进而被广泛应用于描述不同人或事之间的相辅相成和协调统一。这种用法强调了异质间的互补，彰显了诸异合璧的社会价值。与之相对的"合"，在甲骨文中象征着器物与其盖子的匹配，意味着封闭和完整，后来演变为事物间一致性和匹配性的象征。这表明"合"关注的是同类事物间的自然聚合和统一。

"和合"这一术语最早出现在《国语·郑语》中，描述的是商契能够融合五种教育方式以达到社会和谐。此外，如管仲及墨子的使用，表明"和合"不仅关乎外在的物理状态，更深入人与人之间心灵的交融与一致。佛教中的"和合"概念也强调了事物间因缘关系的密切配合，展现了一种因果关系中的内在协调。

综上所述，"和合"概念在中华优秀传统文化中具有丰富的内涵，从音乐的和谐到社会的统一，从人际关系的融洽到宇宙间的均衡，都体现了这一思想的广泛应用和深远影响，核心在于推崇一种动态的均衡和谐状态，旨在维持社会与自然的持续平衡。

（二）和合思想的体现

"尚和合"是中华优秀传统文化中的一个重要思想理念，深植于古老的"和"文化之中。"和"的概念富含深刻意义，代表了中华民族先贤们在实践中对世界的智慧理解，它不仅贯穿了中华文明的发展历程，还显著体现在不同时期各思想流派的学说中，成为具有民族特色的文化观念和思想理念。

和合思想是"天人合一"哲学观念的具体展现，源自古代中国先贤对人与自然关系的处理。这一观念视人与自然为一个有机的生命共同体，揭示了人与自然之间的密切联系和内在统一，强调人是自然的一部分，自然则是人存在和发展的基础。如《周易·系辞》所述："与天地合其德"，人类应顺应自然法则，敬畏自然，避免在对自然的改造中违反其规律。

和合思想的核心在于和谐。在中华文化的悠久历史中，和合观念一直是中心主题。《尚书》提出："百姓昭明，协和万邦"，主张人与人、国与国之间的和顺互动与和谐交往。自先秦时期起，众多学派便频繁引用"和"来表达其文化思想和学说，如老子所说的"知和曰常"，孔子强调的"和为贵"，以及《周易》中的"保合太和"。《中庸》将"和"视为自然和宇宙的至高法则："和也者，天下之达道也"。庄子则认为，与人和谐是人间之乐，与天和谐则是天上之乐。从历史文献如《左传》中的"如乐之和，无所不谐"可以看出，和合思想的本质在于实现全面的和谐。这一思想不仅是中华民族文化的精髓，也为现代社会提供了追求和谐共生的哲学基础和价值导向。

"和合"在中华优秀传统文化中，代表着不同事物之间动态平衡的哲学概念。它不是静态的一致性，而是通过不同元素的相互作用和制衡达到的一种新的平衡状态。从马克思主义哲学的视角看，"和合"体现了事物内部矛盾的两个方面在特定条件下的具象统一，展示了事物之间的相辅相成、相互协调和共同发展的辩证统一性。这种关系不仅是斗争性的，同时也是同一性的，如同《晏子春秋》中记述的齐景公与晏婴关于"和"非"同"的讨论，晏婴通过比喻不同调料制作美味羹汤来阐释"和"的本质。

和合思想强调的是万物的协调成长和自然发展。在中国古代哲学中，和合被视为促进万事万物自然而然成长的条件。例如，西周末期史伯在《国语·郑语》中提出的"和实生物"，表明只有在和谐的状态下，万物才能生长繁衍；《中庸》中的"致中和"，荀子的"万物各得其和以生"，均说明事物在和谐相合的状态下才能有效生长和变化，从而促进社会的有效治理和世界的多彩多姿。这些古典文献共同强调了和合不仅是维持自然界和社会秩序的关键，也是推动生命力与创造力的根本。

因此，"和合"不仅是一种文化理念，也是一种实现天下大治与社会稳定的重要哲学基础。它教导我们在多样性中寻找统一，在差异中寻求协调，以形成一个既具斗争性又富同一性的动态平衡状态。通过这种平衡，社会能够和谐发展，万物能够顺利生长，形成一个富有生命力的和谐世界。

（三）和合思想涵养社会主义核心价值观中的"和谐"

和谐是人类社会发展中一直追求的理想状态，它体现了人们对未来理想社会的愿景及对现实生活的价值诉求。在科学社会主义理论出现之前，受限于各种社会形态的内在局限性，人类很难实现真正的和谐社会。马克思主义的唯物史观指出，真正的社会和谐及人的自由全面发展只可能在共产主义社会中实现。马克思描述的共产主义社会是"人与自然界之间、人与人之间矛盾的真正解决，存在与本质、对象化与自我确认、自由与必然、个体与类之间斗争的真正解决"的社会。在改革开放后的中国特色社会主义实践中，中国共产党成功实现了全面建设小康社会的目标，为构建和谐社会和实现共同富裕奠定了坚实的基础。中华文化的核心包括对和谐的崇尚，这一理念已经深深植根于中华民族的精神世界，并成为中国特色社会主义建设的明显价值取向。通过和合思想，我们可以从多个维度（包括主体与自我、与自然、与社会及国家与国家之间的关系）来深化对社会主义核心价值观中"和谐"概念的理解和实践。

社会主义核心价值观中的"和谐"首先体现在个体内心的道德修养上。中国共产党的十九大提出了培养理性和平的社会心态和提升人民的道德水平的目标。中华优秀传统文化强调个体正心修身的重要性，主张通过个人道德修养实现"止于至善"的境界。《晏子春秋》中的"心平德和"观念，以及《周易》中的"君子以自昭明德"均强调通过个人的自我修炼达到内心的和谐状态。《尚书》的"百姓昭明，协和万邦"表明，只有当每一个社会成员都达到道德的光明和和谐状态时，整个国家才能实现真正的和谐。因此，个人内心的道德和善不仅是社会和谐的基石，也是推动社会整体进步的关键。

社会主义核心价值观中的"和谐"不仅体现在社会层面，也深刻体现在人与自然的和顺相处和和谐共生的自然观中。中华文明自古以来就秉承"道法自然"和"天人合一"的理念，这些思想深刻影响了中华民族对自然的看待方式和与自然的交往方法。例如，《周易》中的八卦代表了自然中的天、地、风、雷、水、火、山、泽等元素，展现了天、地、人三者的和谐统一，即"天人合一"。随着现代化和工业化的推进，自然资源的过度开发导致了人与自然的关系日益紧张。在这种背景下，中华优秀传统文化中的"道法自然"与"天人合一"的观念为我们解决这一矛盾提供了宝贵的思想资源。这要求我们在改造自然和开发资源时，应"尊重自然、顺应自然、保护自然"，以达到人与自然的和谐共生。党的十九届四中全会提出了"坚持和完善生态文明制度体系，促进人与自然和谐共生"的目标，实践了"山水林田湖草是生命共同体"的理念，这也是习近平生态文明思想的核心内容。因此，中国特色社会主义的强国建设和民族复兴之路坚持继承和发扬"尚和合"的文化理念，将"和谐"价值观贯穿改革发展的全过程。这不仅是为了满足人民群众对美好生活的向往，也是为了确保人与自然能够和顺相处、和谐共生，共同促进社会的整体进步和生态的持续健康。

社会主义核心价值观中的"和谐"不仅体现在个体与自然的相处之上，更广泛地体现在社会和谐运行的社会观上，特别是在处理人与人之间的关系方面。马克思将"社会关系总和"定义为区分人与动物的关键特征。在市场经济和功利主义的影响下，个人主义盛行，人际关系和社会联系中的利益冲突日益明显，对社会和谐构成了严峻挑战。中华优秀传统文化中的"和合"思想为处理这些问题提供了独特的智慧。它建议在尊重每个主体的"差异"同时，也要考虑到整体社会的共同利益。儒家思想特别强调"和为贵"，认为社会和谐是解决人际矛盾的关键。列宁对此也有具体实践，他提出"人人为我，我为人人"的理念，这不仅解释了每个人的个体差异和利益需求，也强调了个体作为社会和集体一部分的责任。这种理念体现了个人利益与集体利益的辩证统一，是实现社会和谐的哲学基础。作为社会主义核心价值观的一部分，"和谐"是对理想社会状态的追求，同时也是人与人、人与社会之间互动关系的构建过程。这种价值追求不仅仅是理念上的设想，它还要通过具体实践来体现和实现，确保每个人都能在社会中找到属于自己的位置，共同推动社会向更和谐、更公正的方向发展。

社会主义核心价值观中的"和谐"也体现在国际关系的处理上，尤其是在构建人类命运共同体的理念上，这与中华优秀传统文化中的"和合思想"不谋而合。中华文明历来推崇"和而不同"和"协和万邦"，这些理念在今天的国际政策中转化为开放合作和推动构建人类命运共同体的现代表达。这种思想不仅是中华文化的传统，也为全球化时代下人类面临的共同挑战提供了独特的解决方案。"和谐"在国际交往中尤为重要，体现了中华优秀传统文化对国家间交往的基本态度，即"和也者，天下之达道也"（《中庸》）。

总之，社会主义核心价值观中的"和谐"是中华优秀传统文化"和合思想"的当代传承与发展，涵盖了从个体内心到人与自然的和谐共生，再到社会和国际层面的广泛应用。这一系列的文化理念和价值追求不仅塑造了中华民族的集体意识，也为解决当今世界的复杂问题提供了独到的视角和方法。

六、求大同

自古以来，中华文化中便深植有"天下大同"与"自由生活"的理想愿景。在国内，中国共产党致力于建设和谐社会；在国际上，则抱有"为世界谋大同"的宏伟蓝图，将"大同"理念融入中国的全球治理战略中，展示了中国在全球舞台上的文化自信和国际责任感。

（一）"大同"的由来及其内涵

"大同"这一概念最早见于《礼记·礼运》，其中对未来社会进行了理想化的描绘，构建了一种深远影响至今的社会理想——"大同"。在这个理想的大同社会中，全社会遵循天道、公正、正义；人们共同努力创造并分享社会财富。社会中的贤者能得到适合自己的位置，发挥各自的才能；人与人之间彼此诚实守信，邻里间礼貌互助、和谐相处。在大同社会，仁爱不局限于亲人，而是扩展到对所有人的关爱。社会上的老人、儿童、贫困者、孤独者、残疾者都将获得应有的关怀和支持。劳动者可以通过自己的工作表现自我价值，适龄男女自由结合；资源不被浪费，不会被非法占有。人们自觉为公共利益付出，不追求狭隘的私利。在大同的理想状态下，不良之风无法滋生，社会秩序井然无须锁门闭户。这种理想状态内涵了"仁、义、礼、智、信"的五常美德，反映了人们对于和善、平等、共享财富、自由和安宁的生活的渴望。大同社会是中华优秀传统文化中儒家思想追求的最高理想，标志着社会发展的最高阶段，它代表了一个全面和谐、公正自由、安居乐业的社会。

在中国传统文化中，大同思想是关于内心精神超越与对理想生活状态的追求。在这种思想视角下，每个个体都视为具有圣贤般的纯净内心、高尚德性和完善品格；每人心怀仁爱与责任感。此外，个体无私欲念，自我消弭贪婪，以实现物尽其用和人尽其力的社会状态，如孔子所说："己欲立而立人，己欲达而达人"。这种境界主要从思想和观念角度出发，因为传统上倡导的大同社会在物质和制度基础上并不充足，带有一定的乌托邦特色。然而，只有当社会生产力及个体修养达到较高水平、社会制度不断完善时，大同社会的理想才可能实际实现。在中华文化中，儒家的"从心所欲不逾矩"，道家的"逍遥游"，佛家的"禅定自在"，均反映出一种心灵自由的理念，其本质是个体心性修养与德性成就的结果。个体对自我本性的理解越全面深入，其内在自由度也相应提高。这种修养追求的是个体与自然法则的和谐共融，即人道与天道的完美结合。它涉及对自然客观规律的理解与对内在主体能力的提升。只有在充分认识到这些规律性和必然性的基础上，我们才能科学地指导实际行动，预见并设计实现社会目标和个人理想的最优路径与制度框架，最终实现真正的个体和社会自由。

（二）大同思想对社会主义核心价值观"自由"的涵养

自古以来，中华民族便怀抱着对自由理想社会的渴望，这种理想社会在中国传统文化中被称为"大同"。大同社会是古圣贤们基于社会发展实践对未来美好生活的愿景，它不仅体现了人文关怀，还代表了对人的现实存在的终极关照。在《礼记·礼运》中，大同社会被描述为一个和谐且自由的社会，这与马克思描述的"自由王国"有着相似的理念。"中华民族的先人们早就憧憬着一个物质富裕和道德高尚的大同世界。"这种社会理想将超越地域限制，成为人类共同的终极追求。在大同社会中，每个人都能自由自在地生活，实现全面发展，个体的生存、生活、尊严及自由都将获得社会的充分保障。同时，所有私欲利己、违礼背德的行为也将消逝。大同思想核心的一部分是对生活自由的追求，使社会中的每个主体都能得到充分的发展并找到自身存在的价值和目的；它预设的"自由"并非无约束的随意行为，而是在"天下为公"的基础上，按照"天道"从心所欲而不逾矩的高度自由。这种自由，深植于对和谐社会的追求与构建人类命运共同体的理念之中。

在人类社会发展的历程中，自由一直是所有文明追求的终极价值。中国传统文化中的"大同"概念，尤其在《礼记·礼运》中的描述，提出了一个理想社会，这一社会理想被定义为每个人都能享受真实自由和全面发展的状态。此理念不仅仅是和谐的象征，也是自由的典范，与马克思所描述的"自由王国"在追求上是一脉相承的。中国共产党将这一传统思想融入现代国家治理之中，提出在构建社会主义现代化国家过程中，也是在追求一种全体成员都能自由生活、充分发展的社会状态。"中华民族的先人们"早已憧憬着物质充足与道德高尚并重的社会——一个大同世界。这一社会理想指导下的生活状态超越了地域和民族的界限，成为全人类共同的追求目标。在大同社会中，每个人都能在物质不匮乏的情况下，实现自身的潜能和价值，社会中不存在为私利而引起的道德败坏行为。每个人都将在社会的保障和支持下，实现个人的尊严和自由，从而真正体现社会的和谐与自由。这种社会理想的核心在于"仁、义、礼、智、信"五德的全面体现，以及对和善、闲适、共创、平等、自由的生活的追求。因此，大同不仅仅是一个乌托邦的幻想，而是对每一个社会成员都能自由发展、找到自己存在的价值和归属感的一种理想状态。它预设的自由是在"天下为公"的理念下的自由，这种自由是在遵循"天道"的"从心所欲"，而非无序的放纵。这样的自由，是在社会中每个成员都能找到自身角色和价值，共同创造一个充满诚信、友善、公正、自由的和谐社会的理想境界。

社会主义核心价值观中的自由建立在深入理解和科学掌握人类社会进步发展规律、社会主义建设规律及中国共产党执政规律的基础上。根据马克思主义的实践观，真正的自由建立在人们对自然和社会规律的认识、把握及其科学改造的基础之上。马克思精确描述了人类社会发展的三个阶段，每个阶段的自由状态不同。在自然原始社会，由于生产力水平低下和对自然规律的认识有限，加之社会压迫普遍存在，人们缺乏真正的自由。到了资本主义阶段，尽管生产力有了发展，人们表面上看似独立，但实际上仍受制于资本逻辑的奴役，工人阶级变成了资本增值过程中的商品，这种社会虽有形式上的自由，但人与其劳动的产品之间的异化关系使得他们缺乏实质的自由。只有进入共产主义社会，当生产力得到极大解放和财富被广泛共享时，个体才能根据自己的兴趣和能力自由地从事劳动，真正实现自我价值，从而克服资本主义下劳动的异化。共产主义社会提供了一个批判资本主义严重异化现象和实现人的全面自由发展的理想范式。中国共产党自成立之初就坚持共产主义信念，始终秉持"以人民为中心"的原则和"全心全意为人民服务"的宗旨，通过社会主义革命、建设、和改革不断探索实现社会主义自由的最佳路径。进入新时代，党继续引领全国各族人民坚定不移地走中国特色社会主义道路，致力于在实现自由的社会主义美好未来中进行科学探索和不懈努力。这些努力展现了中国特色社会主义的宏伟蓝图和追求"大道之行"的坚定决心。

社会主义核心价值观中的自由得到了实质性的制度保障，体现了对人类社会进步的深刻理解。自由，作为人类共同追求的价值，受到不同社会制度和形态的历史性影响，因而呈现出多样的内涵。资产阶级虽为争取自由做出历史性贡献，但其推崇的自由局限于生产资料私有制，是基于市场和资本逻辑的有限自由，这种自由服务于资产阶级少数人，带有历史狭隘性和阶级虚伪性，其实是一种消极的、形式化的自由。相较之下，社会主义所倡导的自由是全面而真实的，建立在生产资料公有制之上，以人的全面发展为目标，覆盖全体劳动者，通过社会主义制度体系得到保障。这种自由是积极的、实质性的，充分体现了"以人为本"和"以人为中心"的价值导向。社会主义消除了生产资料私有制，提供了丰厚的物质基础和实质性的制度保障，确保人们的自由全面发展。随着社会主义社会保障制度的不断完善，每个人，包括社会的弱势群体，都能得到基本的生活保障，实现"男有分，女有归"，人人在各自的领域内能展现自我价值，体现自由。马克思设想的共产主义社会——一个"自由人的联合体"，人们的劳动将转变为实现自我和证成自我的方式，不再是单纯的生存手段。在这个理想的"自由王国"中，人的劳动是自我表达的方式，彻底摆脱了异化的束缚。社会主义劳动，不仅是个人价值的体现，而且是推动社会向更高发展阶段迈进的重要力量。这种劳动态度——"不必为己"，不仅成就了个体的自身，也是个体自由和存在的真实体现。社会主义的民主政治制度和社会保障体系为这种自由提供了坚实的制度保障，确保每个人都能在社会中找到属于自己的位置，实现自由和个人价值的充分发展。

中华优秀传统文化中的大同思想为构建理想社会提供了精神寄托和理想路径，指引人们向往并追求自由美好的生活。然而，大同思想也存在其理想性和局限性，尤其在忽略实现理想社会的现实物质条件方面，使其趋向于乌托邦的状态。尽管如此，大同思想为我们从传统文化的视角理解社会主义的自由概念提供了基础，并激发了追求自由的精神追求和自我意识。马克思主义的自由观提出，在一个物质极为丰富、社会组织成为"真实的集体"的共产主义社会中，自由将得到真正的实现。这种自由是实际的、普遍的，并为全体劳动者所共享，它是与人类发展的需求和社会进步的规律相符合的，能够真实地反映人的本质。在未来的共产主义社会，我们将克服以往社会自由观念的虚妄和空想，实现一个具有真实性、客观性和思想性的社会状态。在这种状态下，每个个体都能充分地发展自我，社会发展提供坚实的物质基础，同时每个人都将正确理解自身与社会的利益，社会主义核心价值观将成为每个人内心坚定的价值准则。在社会主义社会中，个人利益与集体利益、个人自由与集体自由、个人发展与集体进步、个体成长与社会和谐将达到辩证统一。社会主义核心价值观中的"自由"不仅关乎个体自由的实现，也涉及社会整体自由的达成。然而，实现这一目标是一项艰巨的历史任务和复杂的系统工程。在社会主义初级阶段，我们必须实事求是，从实际出发，通过不断解放和发展生产力、完善社会主义民主制度，并不断提升个人的道德修养和文化素质，逐步实现社会主义自由的价值诉求和终极目标。这一过程中，个体和集体的自由发展将互为条件和支撑，共同推动社会向更高的发展阶段前进。

第三节　中国古典名著助力公民道德教育的方法

中国拥有五千多年的辉煌历史，孕育了源远流长的中华文明。在这漫长的历史进程中，儒家、墨家、法家、道家等思想流派贯穿传统文化，尤其是儒家思想在两千多年的封建社会中占据主导地位，对人们的思想产生了深远的影响。封建社会以儒家文化为背景，形成了古代官学和私塾为主要形式的思想政治教育方法，这些方法按照统治阶级的意愿和思想进行教育，对封建统治的稳固和社会的长久稳定起到了重要作用。

鉴于此，在新时代学生思想政治教育的整体构建中，应充分吸收和借鉴中国古代传统思想政治教育方法的宝贵经验。这些传统教育方法中蕴含的智慧和经验，能够为现代思政教育提供丰富的参考和启示，帮助我们更好地培养具有良好道德素养和社会责任感的新时代公民。

一、注重自我教育的方法

新时代学生思想政治教育方法的整体构建应充分关注中国古代传统思想政治教育中注重自我教育的方法。自我教育是中国古代思想政治教育的核心和突出内容。在历史传统中，人们认可并遵循修身、齐家、治国、平天下的发展逻辑，其中"修身"作为首要阶段，强调个人的自我发展和完善，倡导个人自觉分析自身的不足并加以改进，体现了一种自我教育的方法。这种方法强调自我完善对家庭、社会和国家的重要影响。

在传统儒家文化价值体系中，"和合"占据重要地位，个人身心的"和合"是首要和基本的要求。个人应自觉地、有意识地改正不足之处，追求"和合"的精神使命和人生境界，进而实现人际、国家乃至天下范围内的"和合"境界。由此可见，中国古代传统文化高度重视自我教育方法，追求个人逐步塑造完整的人格，强调个人应主动调整并改正自身缺陷，探索了诸多开展自我教育的具体方法和艺术。

这种自我教育的方法不仅在古代社会中起到了重要作用，对于现代思政教育也具有重要的借鉴意义。通过吸收古代传统思想中的自我教育理念，可以帮助新时代学生更好地进行自我反省和改进，逐步完善自身人格，为实现家庭、社会和国家的和谐发展奠定坚实的基础。

新时代学生思想政治教育方法的整体构建应充分关注中国古代传统思想政治教育中注重自我教育的方法。以下是自我教育的五个关键方面。

首先，人要立志。传统儒家思想认为，人有别于其他事物，具有独特的社会属性，不应在物质拥有上自满，而应在精神追求上有所努力。这种追求体现为服务社会的态度和能力，将个人理想与社会发展需求相结合，以个人的能力推动社会进步。孔子讲"苟志于仁矣，无恶也"，意即个人应以仁义为志向，不断以仁的标准约束自己的行为，共同构建和谐美好的社会。

其次，人要克己。个人在社会生活中要加强自我克制和约束，严格要求自己，不能放任自流。个人的一举一动都要符合"礼"的要求，追求"仁"的境界。每个人都有私心，但切忌私欲膨胀，要提高道德标准，使个人言行符合社会品德的要求。孔子说"君子求诸己，小人求诸人"，强调要以平等的眼光看待他人，高度尊重他人，对自己严格要求，对别人宽容待人。

再次，人要力行。只有通过实际行动才能最终达到"仁"的境界，个人实践对于知识和品德的提升是必要的环节。学习知识后，思想充实，精神境界提升，但还需要实践锻炼，勇于付诸行动，投入社会实际生活。孔子强调"听其言而观其行"，即判断一个人的德行不仅要听其言，还要观其行，衡量其日常行为是否言行一致，为他人和社会做出贡献。

然后，人要内省。传统文化重视内省的重要性，倡导"吾日三省吾身"，通过日常反省端正自身道德态度。在儒家文化中，自我反省、自我思考、自我审查是提高道德认识和道德体验的重要途径，找出思想和行动中的不足之处，增强责任感和道德意识。自我观察和判断可以提升道德层次，使言行更加符合道德标准。

最后，人要改过。知错能改是道德修养的重要一环，世上没有不犯错的人，但重要的是改正错误，记住教训。孔子说"君子之过也，如日月之食焉：过也，人皆见之；更也，人皆仰之"，意即过错难免，但改正错误则值得敬仰。勇于承担责任，深刻反思并改正错误，是提升个人道德修养的标志。

总之，注重自我教育的方法是中国古代传统思想政治教育的重要内容，具有不可忽视的价值。中国传统文化主张个人应有崇高的道德追求，并积累了丰富的自我教育经验。立志、克己、力行、内省、改过等方法，仍然是新时代学生思想政治教育中值得借鉴和发扬的有效方法。新时代学生思想政治教育方法的构建，特别要注重在各学段中有效运用和建构这些自我教育方法。

二、注重家庭教育的方法

新时代学生思想政治教育方法的整体构建也应充分关注中国古代传统思想政治教育中注重家庭教育的方法。注重家庭教育的方法是中国古代传统思想政治教育的一个鲜明特色。在传统封建宗法制的社会背景下，家庭教育被高度重视，形成了多样化的家庭教育方法。以家庭为基本单位，子女及家人通过家风的熏陶，获得基本的生活经验、处世方式和道德感知，社会主导价值细化深入各个普通家庭之中，家庭教育成效往往对个人未来的德行素养起到决定性的作用。梳理中国古代传统社会中注重家庭教育的方法，能够为新时代学生思想政治教育方法的构建提供宝贵的借鉴，特别是在家校协同育人方面。

首先，重视家训教育。在中华家庭文化中，家训文化有着重要的地位和价值，对整个家庭教育具有极大的引导力和影响力，可以说是最为主要的家庭教育形式，承载着家庭美德、社会良俗和家国情怀的教化使命。传统家训文献篇目众多，如《颜氏家训》《诫子书》和《袁氏世范》等，至今仍具有重要的文化感染力和渗透力。家训教育的语言活泼、通俗易懂、贴近生活，适应家庭教育的需要，弥补了社会办学的不足，其演说方式易于被接受和认可，能够凝聚家族成员，更易于实践。

其次，重视家规教育。家规教育是将家庭教育内容以家规和家法的形式固定下来，使之更具规范性和制度化，形成家庭或家族内部成员需要普遍遵守的行为规范。不同家族或家庭的家规内容虽有差异，但通常是收集各方意见后形成制度化设计，条理清晰，可操作性强。家规一旦成文公示，便在家族内部具有普遍的约束力。如果个人违反家规，通常会受到相应的惩处，通过强有力的家规家法达到奖惩分明的目的。

再次，重视家礼教育。家礼教育是家庭教育中的重要组成部分，强调礼仪的重要性。"不学礼，无以立"成为普遍共识，知礼、懂礼、行礼是家礼教育的目标。在《孔子家语》和《颜氏家训》等经典中，有许多关于礼的教育内容和方式，强调家庭礼教的必要性。家礼教育从家庭中的琐碎事务入手，具体周到，与日常生活紧密相关，要求人们从细微处注重自己的言行，形成深刻的道德认识和稳固的道德习惯。

然后，重视私塾教育。私塾教育在古代家庭教育中具有重要地位，承担着家庭内部教育的重要任务，是古代官学教育的有效补充。在古代封建社会，求学者多在私塾中学习，私塾教育既有家庭内部组织教学，也有私人学馆形式的开班办学。明清时期，私塾教育形式有所发展，出现了族办书院，体现了家庭教育向社会教育形式的拓展。

最后，重视交游教育。交游教育强调通过交友和游学增长见识、积累经验。孔子和荀子都强调交友对个人品行的重要影响，交游教育重视社会实践，通过与良师益友的切磋学习新知识，走进社会生活实践中增长新见识，促进了良好人际关系的发展和社会化程度的提高。

总之，注重家庭教育的方法是中国古代传统思想政治教育的重要内容，具有不可忽视的价值。在中国传统文化中，主张个人应有崇高的道德追求，并积累了丰富的家庭教育经验。家训、家规、家礼、私塾和交游等家庭教育方法，仍然是新时代学生思想政治教育中值得借鉴和发扬的有效方法。新时代学生思想政治教育方法的构建，特别要注重在各学段中有效运用和建构这些家庭教育方法。

三、社会教化的心理方式

古代教化方法与现代思想政治教育方法相似，注重对人的心理的关注和探索。在许多古代名篇著作中，蕴含着丰富的心理教化内容，反映了对人的主体性的关注和对心理活动的体察。古代人们在日常生活和生产中逐步认识到，人与其他自然界生灵相比，思想更为复杂、行为更难以捉摸，是最难以认识的生物有机体。因此，需要对人的心理方面进行深入探索，形成认识规律。

在古籍中，如"天人论""习性论""人贵论"等论断，体现了人与世界关系的哲学解释，同时也是心理学中的典型思想。各家各派对人性的反复思索，在对人性认知的基础上找寻社会教化的现实之策，形成了具有说服力的教化体系。例如，儒家思想中对人性善或恶的论证直接决定了社会教化的方向，人性论渗透于孔子、孟子、荀子等教化内容之中，虽然观点有所差异，但都从人性出发寻找社会教化的方法。

在古代教化中，普遍重视环境对人们心理活动的塑造力和影响力，认为个性心理的后天养成需要良好的社会环境。这需要破除阻碍人格发展的不利因素，营造有利于道德品质提升的社会环境。"贵和尚中"体现了中华传统文化的思想精髓，几千年来影响着人们的价值观念和行为模式。它集中表达了人们的处世智慧，潜移默化地影响人们的处事态度和生活方式。可以说，"贵和尚中"一定程度上标识着中华文化的精神内核，深入人们的观念意识，与西方文化的高扬个性、追求独立、崇尚自由等价值追求有所不同。

儒家经典《中庸》中对"贵和尚中"思想进行了阐释："中者也，天下之大本也；和也者，天下之达道也。致中和，天地位焉，万物育焉"，表达了个体和谐、社会和谐、万物和谐的哲学指向。个人和谐是化解人与人之间冲突、缓和复杂多样的利益矛盾、建立良好社会关系的基础，进而实现社会和谐，最终达到万物和谐的境界。

个人和谐包括身体与内心精神两方面的和谐，要求个人正确对待外在诱惑和内心信念，处理好主观欲望与道义之间的关系，懂礼节、守禁忌，驱逐利欲，追求崇高的人生境界。"贵和尚中"的传统文化共识为教育方法提供了原则框架，打开了教育视野，通过"和""中"的思想影响教育者和受教育者的思维习惯与行为模式。孔子说："君子和而不同，小人同而不和""君子矜而不争，群而不党"，表现出对"和"的价值追求。不同个体之间不应截然对立，要学会调适与周围世界的关系，提倡和谐相处，摒弃结党营私，在复杂的人性中自觉省思不足之处，不割裂与他人的关系，不与他人发生争执，注重团结，同时又不结成党羽，加强道德自律，追求崇高的人格。

这种"贵和尚中"的思想源远流长，在时代和社会变迁过程中，有利于平衡复杂多样的价值取向，化解思想纠葛，打开更为广阔的人性空间，形成牢固的民族凝聚力，塑造国人轻小利、轻私利而重大局、顾整体的民族心理。"贵和尚中"思想成为传统学生思想政治教育方法的重要原则，从"贵和尚中"的视角和逻辑出发，教育方法应着眼于受教育者的思想教化，不断追求受教育者的身心和谐。

在古代，所有的人类文化成果和相关信息都通过一定的传播方式得以长久存续和广泛传播。社会教化内容要进入普通百姓的日常生活，依赖有效的传播途径。在传播过程中，上层社会创设的话语体系及其所包含的价值观念，通过不断提升社会影响力，逐渐被更多的普通百姓接受和认同，成为人们现实生活中遵循的道德行为规范。

古代文化典籍是最主要的传播载体，各类典籍蕴含着丰富的教化内容，以"文以载道"的形式不断流传，历久弥新。丰富的理论典籍不仅传递知识，还提升人们的道德情感。古代理论典籍以经学为主，儒家经典占据主导地位，不论是官学还是私塾，都尊奉儒家经典，"四书五经"成为知识分子和普通百姓主要学习的经典之册，广泛传播，发挥着深远的教育教化影响。

理论典籍中对模范榜样的描述较多，多为封建官僚阶层的代表人物，选取古代知识分子群体，以道德标杆的形象示人，传扬封建统治阶级的思想意识内容，为人们树立可以模仿和学习的榜样，通过与楷模人物的对比，引领人们追求更高的道德境界，使人们更加明理慎行。

社会教化内容的传播力量主要来自国家和官府，因此社会教育的传播过程也是一种政治统治过程，体现了封建政府的政治统治力量。传统学生思想政治教育方法中有诸多值得借鉴和参考的部分，对近代学生思想政治教育起到了积极的推动作用，有利于思想政治教育各个环节的有效落实。

在传统教育方法中，启发引导法占有重要地位。启发引导法强调留给学生一定的思考过程，不直接告知答案。《论语》中说："不愤不启，不悱不发"，当学生反复求索而不得时，教育者应及时给予引导，使学生朝着正确的方向寻找答案，继续深入思考。当学生找到问题答案但仍有困惑时，教育者要选择恰当时机给予开导，使学生在反复自我思索中增强知识积淀，得到更多的学习和收获。

学思并重法是传统教育的经典方法之一，强调学习与思考并重。《论语》中说："学而不思则罔，思而不学则殆"，揭示了学与思二者的紧密联系。盲目机械地学习而没有思考得不到知识的真谛，漫无目的地思索而不学习也终将一无所获。学习者应当对学问充满热情，兼顾学习与思考，不可将二者割裂开来。

见贤思齐是传统教育中的又一经典方法，与现代教育中的榜样示范法相似。它要求学习者在优秀人才和品德高尚的贤者面前保持谦虚态度，努力向他们学习，不断提升个人综合素质，拥有更高的学识和道德品行，力求成为与贤者比肩的人。

反思自省法则侧重于受教育者内心自觉的省察反思。每个人都不可能是完美的，都会有不足和错误。受教育者最重要的是要有自我反思与省察的主动意识，不可冥顽不化，要积极承担过错，主动寻找出错缘由，勇敢改正错误，牢记经验教训，力求不再重犯，不断完善自我。

传统教育还倡导循序渐进的指导方法。《荀子》说："故不积跬步，无以至千里；不积小流，无以成江海"，受教育者必须从把握每一个知识细节做起，安心苦读，在日复一日的学习积累中提升自我、超越自我。受教育者不可急于求成，不可毛躁行事，不可偷懒度日，良好的道德品行是一天一天养成的，懂得循序渐进才能促进目标达成。

总之，传统教育中存在许多有益有效的具体方法，体现着思想教育的机理与规律，值得多加揣摩和学习，并加强实际运用。

第五章 思政元素与名著阅读的融合策略

在当代教育体系中，思想政治教育是培养具有社会责任感、历史使命感和道德价值观的公民的重要环节。名著在思政教育中扮演着不可替代的角色，通过其丰富的历史背景、深刻的人物塑造和多层次的思想冲突，为学生提供了理解社会、历史和人生的多维视角。名著能够激发学生的思考，引导他们探讨复杂的道德和社会问题，从而培养批判性思维和独立思考的能力。

第一节 名著选择的原则与标准

在选择用于思政教育的名著时，必须遵循一定的原则和标准。这些原则通常围绕作品的思想深度、历史价值、艺术表现力及其对现代社会价值观的影响。选择合适的名著对于实现有效的思政教育具有决定性意义，它不仅能够帮助学生建立正确的世界观、人生观和价值观，还能够激发他们的爱国情感和社会责任感。通过精心挑选的文学作品，思政教育能够更加生动、形象地传达教育内容，使学生在享受文学魅力的同时，也能深入反思和学习其中蕴含的深刻道德和哲理。

一、选择名著的基本原则

选择适用于思想政治教育的名著，需要依据一系列明确的基本原则，确保教育内容的有效性和深远影响。

首先，教育价值是选择名著的首要标准。教师应优先选择那些能够激发学生对道德、伦理和社会问题进行深入思考的作品。这类名著通过复杂的人物关系、冲突和解决方案展现了丰富的道德教育资源，有助于学生形成和坚持正确的价值观。此外，名著中通常包含的丰富情节和生动的角色，能够引发学生的情感共鸣，从而使道德和伦理的教学不再是抽象和枯燥的理论传授，而是通过具体的故事情境让学生产生思考和反省。通过对名著中各种情境的探讨，学生能够在复杂的社会现象中辨析是非，培养出适应现代社会所需的关键思维和解决问题的能力。这样的教育方式不仅加深学生对文学的欣赏，更重要的是通过文学的力量加深对生活和社会的理解与思考。

第二，文化背景的多样性也是选择名著的重要考量。通过引入不同文化背景和历史时期的作品，可以帮助学生跨越文化和时间的界限，增强他们的历史意识和文化敏感性，从而拓宽他们的国际视野和全球认知。这种多元文化的接触不仅丰富了学生的知识结构，还促进了对不同文化价值观的理解和尊重。例如，阅读关于古希腊民主的经典著作可以让学生探索民主的起源和发展，而研究亚洲史诗如《摩诃婆罗多》则揭示了不同的英雄观念和道德观。通过这些跨文化的阅读体验，学生能够比较和对比不同社会的思想流派和生活方式，理解全球化背景下的国际互动与冲突。这样的教学不仅增加了教育的趣味性和互动性，还为学生提供了一种从多角度分析和解决问题的思维方式，这在当前日益全球化和相互依存的世界中显得尤为重要。

第三，考虑到学生的语言水平和理解能力，选择语言难度适中的名著尤为关键。这不仅可以确保学生能够理解和吸收作品中的思想内容，还能通过阅读提升他们的语言表达和批判性思维能力。适当的语言难度有助于避免学生在阅读中感到过分挫败，从而保持学习的积极性和持续兴趣。同时，这也鼓励学生通过阅读挑战自己，进一步探索语言的丰富性和表达的多样性。

第四，选择名著时，教师可以考虑那些已被翻译成现代语言或有现代语言版本的古典作品，以降低阅读门槛，使其更加贴近学生的语言习惯。例如，莎士比亚的戏剧在现代英语翻译中会更容易被理解，而保留其文学魅力和复杂的人物塑造。通过这样的阅读体验，学生不仅能够提高自己的语言技能，还能深入理解文中的深层意义和作者的思想观点。

教育者可以通过配套的教学辅助材料，如词汇表、内容注释、讨论问题和批判性思考引导，来帮助学生更好地理解和分析文本。这样的方法不仅增强了学生对文本的掌握程度，还促进了他们在阅读中的主动思考和深度交流，进一步培养他们的分析能力和批判性思维。

第五，所选名著应具有普遍性，即作品中的主题和思想具有普遍意义和永久价值。这类作品往往能够跨越时空背景，触及人类共有的情感和道德困境，使其成为世代相传的教育资源。例如，托尔斯泰的《战争与和平》、奥斯特洛夫斯基的《钢铁是怎样炼成的》等，都是探讨深层人性、伦理道德和社会责任的经典作品，它们以其跨越国界的普遍主题历久弥新。

遵循这些标准，思政教育可以更加深入和全面地影响学生，帮助他们建立全面发展的人格和价值观。这不仅因为这些作品提供了丰富的思考材料，还因为它们激发了读者对基本人类价值的深度认同。通过与这些文学作品的互动，学生能够在全球化和多元文化的背景下更好地理解和尊重不同的文化和历史视角，同时加深对自身文化和身份的认识。

此外，普适性的文学作品也能够提供一个共享的文化参照点，促进学生之间及教育者与学生之间的对话和讨论，从而建立更加坚实的社会联系和共同体意识。这些讨论和反思不仅促进了个人道德和智力的成长，也为学生们提供了解决现实世界问题的洞察力和策略，进一步促进了他们作为公民的责任感和参与感。通过阅读并讨论具有普适性价值的名著，学生们可以学会如何在复杂多变的现代社会中做出有道德的决策，以及如何在全球社会中有效地定位自己。

二、名著选择的具体标准

（一）主题教育标准

选择合适的名著进行思想政治教育，需要细致考虑作品的多方面标准，确保其内容能够有效支持教育目标。

主题深度是衡量名著是否适合用于思政教育的重要标准。名著应当能够触及关键的社会问题，如社会不公、阶级矛盾、权力斗争等，这些主题能够帮助学生理解社会结构及其复杂性。通过这种深入的探讨，学生可以更全面地认识到社会动态和个体在其中的作用，从而形成更为成熟和批判性的思维方式。

同时，深入探讨人性、道德和心理的作品，可以加深学生对人类行为和道德判断的理解。这类作品通过复杂的人物塑造和情节设计，展示了人物在面对道德困境和心理冲突时的选择与后果，从而引发学生对正确与错误、善与恶的持续思考。这不仅促进了学生道德感的培养，也增强了他们在现实生活中应对道德挑战的能力。

通过这些丰富而深刻的文学探索，思政教育可以更有效地融入学生的个人成长和社会实践中，帮助他们建立起对社会正义、道德伦理和人际关系的深刻见解。这种教育不仅限于课堂讲授，要通过名著中的生动故事和人物经历，让学生在感情共鸣和思想启发中自然地吸收和反思，实现思想政治教育的目标。

（二）历史文化标准

在历史和文化价值方面，教师应选择那些能够反映重要历史事件和社会变革的名著。这类作品不仅增进学生对过去的认识，也帮助他们理解历史对现代社会的影响。例如，通过阅读描述法国大革命或美国独立战争的文学作品，学生可以直观感受到这些转折点如何影响政治结构、社会思想及民众行为，从而形成对历史连续性和变迁的深刻理解。

此外，具有文化传承和启迪作用的名著能够激发学生对本土及世界文化的兴趣和尊重。阅读如《红楼梦》《伊利亚特》等经典名著，不仅使学生能够欣赏到各自文化的独特性，也能通过文学的桥梁，理解和尊重不同文化背景下的人们如何思考和生活。这种跨文化的理解对于培养学生的全球视野和促进国际理解尤为重要。

通过阅读这些作品，学生能够获得更广泛的知识视角，了解不同文化如何塑造社会的发展和个体的生活。这不仅促进了学生对多样性的认识和尊重，也帮助他们在全球化日益加深的世界中更好地定位自己和他人。此外，这样的文学教育还鼓励学生发现和欣赏那些跨越时代和地域的普遍价值，如勇气、正义、爱情和牺牲，这些都是人类共通的贵重财富。通过这种方式，名著不仅是历史和文化的载体，更是传递人类共同情感和理念的桥梁。

（三）多元视角标准

多元视角的涵盖也是选择名著的重要标准。名著应当包含对性别问题、女性地位的探讨，以及涉及种族歧视、民族冲突的内容，这有助于培养学生的包容性和对社会多样性的理解。例如，通过阅读《简·爱》或《傲慢与偏见》，学生可以探讨女性在社会中的角色和挑战，理解性别平等的重要性。类似地，如《杀死一只知更鸟》，能够使学生深入了解种族歧视的历史和影响，促进对平等权利的认同和支持。

同时，反映不同社会阶层生活和思想的作品可以增进学生对社会结构和个体差异的深刻洞见。通过阅读如《悲惨世界》或《追风筝的人》这样的文学作品，学生能够体验不同社会阶层人物的生活环境、挑战及他们的抗争与希望。这些作品通过不同的视角揭示社会的复杂性和多样性，让学生从多方位理解和评估社会现象。

这种多角度的文学探索不仅扩展了学生的思维视野，也促进了他们的批判性思维能力。通过接触多样的社会、文化和个人背景，学生可以更全面地评价和解析不同的社会问题和人际关系，从而形成更为平衡和全面的世界观。此外，这也帮助学生建立起一种对不同文化和背景的深刻尊重，为在多元化社会中有效沟通和互动打下坚实的基础。

（四）文学艺术标准

文学艺术价值也是不可忽视的标准。选择语言优美、文笔精湛的名著，不仅能够提升学生的审美和文学鉴赏能力，而且在叙事结构和表达手法上的创新性也能激发学生的创造力和想象力。这些文学艺术上的优点使得名著在传递深刻主题的同时，也提供了艺术享受，使思政教育过程更加丰富和吸引人。

文学作品的语言风格和叙事技巧本身就是一种艺术。当学生深入阅读如弗吉尼亚·伍尔夫的《到灯塔去》或加西亚·马尔克斯的《百年孤独》这样的作品时，他们不仅学习到关于人生和社会的深刻洞察，还能感受到作者如何通过独特的文笔和结构布局来增强叙述的力量。这种艺术形式的探索可以激发学生在自己的写作和其他创意活动中尝试新的表达方式。

此外，艺术性高的文学作品往往能够激发情感共鸣和心灵的共振，使得思政教育不停留在知识的层面，还触及情感和道德的深层。学生通过与作品中复杂丰富的人物命运共鸣，可以更深刻地理解与感受到社会公正、道德抉择等问题的重要性。这种情感的触动是冷硬的事实和逻辑无法达到的，它为思政教育带来了无法替代的深度和影响力。

通过这种方式，文学不仅作为知识传递的媒介，更成为激发学生思考、感受和创造的平台。教育者通过精心挑选具有高文学艺术价值的名著，不仅培养学生的文学素养，也引导他们建立起对生活的深刻认知和审视，从而全面提升他们的人文素质和社会责任感。

三、名著选择的具体案例

在思想政治教育中，选择合适的名著至关重要，以下几部作品分别从不同的角度展示了如何通过文学作品深入探讨社会、政治、文化和人性问题。

（一）《战争与和平》

列夫·托尔斯泰的这部作品是对战争与和平的深刻探讨，通过描绘拿破仑战争时期的俄国社会，展现了个体与历史的交汇。这部小说不仅探讨了战争对人性和社会的影响，还深入地反思了个人的道德抉择与社会责任，是思政教育中探讨道德和责任问题的绝佳选择。在这部巨著中，托尔斯泰通过多个家族和个体的命运编织了一幅宏大的历史画卷，让读者见证了战争如何塑造国家的命运与个人的生活。

该小说通过其丰富的人物群像和复杂的情节展示，探讨了在极端环境下人类行为的多样性和复杂性。从安德烈公爵的悲剧英雄主义到皮埃尔的道德觉醒，托尔斯泰不仅描述了战场的残酷和后方的生活，也深刻揭示了人性中的善与恶、弱与强。此外，通过细致的心理描写和哲学思考，这部作品使读者能够深入理解每个人物如何在社会动荡和个人冲突中寻找自我定位。

《战争与和平》的历史广度与心理深度，使其成为理解人类历史和社会变迁的窗口。通过对这部作品的学习，学生不仅能够加深对历史大事件的认识，还能激发对个人道德责任和社会义务的反思。因此，这部名著是思政教育中不可或缺的一部分，能够引导学生在复杂的社会和历史背景下进行深刻的道德和哲学思考。

（二）《简·爱》

夏洛蒂·勃朗特通过这部作品强调了女性独立和自尊的重要性。《简·爱》通过描写女主角在维多利亚时代的挑战和困境，展现了女性在社会中寻求自我认同和平等地位的斗争。这部小说不仅是性别平等教育的重要资源，同时也是研究维多利亚时代社会风貌的文化窗口。

简·爱的故事是一次深刻的内在旅程，她的生活经历反映了 19 世纪女性在社会、经济和情感上的限制。作为一个孤儿，简在多个家庭和学校中经历了忽视、虐待和不平等对待，这些经历塑造了她坚韧不拔的性格和对自尊及自由的坚持。小说中的简·爱不仅反抗了当时社会对女性角色的期望，还表现出了对个人选择权的坚定追求。

此外，这部作品还揭示了当时社会的性别偏见和阶级隔阂，通过简与罗切斯特的关系展现了爱情与社会地位之间的冲突。《简·爱》不仅仅讨论了个人的情感故事，更广泛地触及了社会正义和道德选择，使其成为理解维多利亚时代女性生活状况的重要文学作品。

因此，夏洛蒂·勃朗特的《简·爱》不仅对女性读者有着深刻的启发意义，也为所有读者提供了一个关于自我价值和社会地位抗争的强有力的范例。这使得《简·爱》成为思想政治教育中探讨性别平等、个人权利和社会道德的宝贵资源。

（三）《1984》

乔治·奥威尔的这部作品通过描述一个极权统治的反乌托邦社会，强烈地反思了极权主义对个人自由的压制。这部小说的语言简洁有力、结构严谨，使其成为思政教育中讨论自由、监控、个人与国家关系等议题的理想文本。

在这部小说中，奥威尔构建了一个全面监控和控制公民思想与行为的政府。通过主角温斯顿·史密斯的经历，奥威尔展示了个体在压迫性政治系统中的困境与挣扎。《1984》探讨了真相与现实、宣传与洗脑及个人隐私被侵犯的深远后果，这些主题在今天的社会中仍具有强烈的现实意义和警示作用。

此外，这部作品对语言的操控和历史的篡改提出了批判，通过"新话"这一概念揭示了语言如何被用作控制思想和文化的工具。这种对权力和言语关系的探讨，为学生提供了一个理解和分析现代社会政治语言如何影响公众观念的框架。

因此，《1984》不仅是一部文学作品，更是一种政治哲学的探讨，它挑战读者对权力、自由和个人在社会中角色的传统看法。在思政教育中，教师利用《1984》这样的文本可以帮助学生发展批判性思维，理解并质疑权力的运作及其对个人生活的影响，这对于培养具有责任感和公民意识的个体尤为重要。

（四）《红楼梦》

作为中国古典四大名著之一，曹雪芹的《红楼梦》深刻反映了清代的社会和家庭结构，通过丰富的人物群像和复杂的家庭关系展示了阶级、性别、文化等多个层面的交互作用。这部作品不仅有助于学生理解中国传统社会的复杂性，还能激发他们对人物心理、人性多样性和文化传承的深入思考。

在《红楼梦》中，贾宝玉、林黛玉、王熙凤等角色的生活故事揭示了封建社会中人与人之间复杂的情感和社会关系。通过对贾府兴衰的描述，曹雪芹展现了财富与权力如何影响家族成员的命运，同时也探讨了个人愿望与家族责任之间的冲突。此外，小说中对女性角色的深入描写，尤其是对她们的情感世界和社会地位的探讨，为读者提供了一个理解传统中国女性生活的视角。

书中的诗词、曲与梦境等文学形式的使用，不仅丰富了叙事结构，也反映了当时文化的多样性和艺术的发展。《红楼梦》因其深邃的思想内容和精湛的艺术表现，被视为理解中国文化和文学传统的重要窗口。通过对这些细节的学习，学生不仅可以提升文学鉴赏能力，还能增进对中国传统价值观及其对现代社会的影响的理解。

因此，《红楼梦》在思政教育中的运用极为广泛，它不仅教会学生如何分析和评价文学作品中的社会和心理层面，还鼓励他们通过文学的镜头审视和反思自己的生活与思想。这种深层次的文化和社会探讨，是培养学生综合分析能力和深入人文思考的重要途径。

通过这些具体案例，可以看出名著在思想政治教育中的应用是多样化和层次丰富的。每部作品都以其独特的方式对学生的价值观、思考方式和文化理解产生深远影响。

第二节　理论联系实际的融合方式

在现代教育中，思想政治教育通过名著阅读成为一种重要的教育方式，不仅为学生提供了历史和文化的深刻见解，也助力于道德和思想的培养。阅读思政名著能够帮助学生理解和思考社会发展的多种因素，以及个体在其中的作用和责任。这类阅读不仅增强学生对历史和社会问题的认识，还促进了他们道德观念和价值观的形成。

此外，将理论联系实际是进行思政名著阅读的核心部分。通过对名著中情节的解读和分析，学生可以将抽象的思政理论与书中具体情境相联系，从而更深刻地理解这些理论在现实生活中的应用和影响。这种方法不仅加深了学生对文学作品的理解，更培养了他们将理论知识应用于实际问题解决的能力。因此，在思政教育中，通过名著的阅读与分析，学生能够更全面地掌握思想政治教育的深刻内涵，为全面发展打下坚实的基础。

一、理论与实际融合的意义

将理论知识与实际生活紧密结合，在教育中具有重要的意义，尤其是在文学和思政教育领域。这种融合不仅帮助学生更深刻地理解名著中的思想和价值观，还促进了他们的整体学习和发展。

（一）提升理解力

在思政教育中，将理论知识与实际生活联系起来是提升学生理解能力的有效方法。通过这种方式，学生能够深入理解名著中的思想和价值观，并看到这些思想如何影响或反映在他们的日常生活中。例如，通过将《简·爱》中关于自主和自尊的主题与当代女性的独立生活相对比，教师可以帮助学生更真切地感受到文本中的主题如何在现代社会的具体情境中得到体现。

这种教学策略不仅提高了学生对文学作品的感知力，还增强了他们将这些理念应用于现实世界的能力。例如，通过讨论简·爱如何在面对社会和情感压力时坚持自我尊严和道德原则，学生可以学习到在现代社会中维护个人价值和自尊的重要性。同时，这也激励学生思考如何在现实生活中面对挑战时保持个人的道德立场和自我价值。

此外，教师可以引导学生探讨其他文学作品中的类似主题，并鼓励他们分享自己的生活经验或观察到的例子，以此来加深他们对这些文学主题的理解和共鸣。通过这种互动和讨论，学生不仅能够加深对文学经典的理解，还能培养他们应用文学作品中的理念解决现实问题的能力。这种教学方法有效地将文学教育与思政教育相结合，使学生能够从中获得更丰富、更深刻的教育体验。

（二）培养批判性思维

在思政教育中，培养学生的批判性思维能力是至关重要的。这种能力使学生能够不仅接受信息，还能主动地分析、评估并对信息提出质疑。通过将理论知识与实际案例及个人经历结合，学生可以更深入地探讨和评价各种理念和观点。

例如，当学生被要求将乔治·奥威尔的《1984》中描述的政治压迫和监控与现代社会中的隐私权问题进行对比时，这不仅使他们能够直观地看到理论与现实的连接，还促使他们识别出理论和实践之间的差异。这种比较让学生能够从中学到，虽然《1984》是一部反乌托邦小说，但其对个人自由与社会控制的深刻讨论在今天仍具有现实意义。讨论这些主题可以激发学生对如何保护个人隐私、如何评价政府监控行为等现代问题进行深思，从而培养对现实世界问题的敏感度和批判性视角。

此外，这种批判性思维的培养还涉及挑战现有观点、重新评估既定信息，并提出新的解决方案或看法。通过在课堂上安排辩论、讨论和写作活动，教师可以鼓励学生表达自己的观点，批判性地分析其他同学和文献中的观点，这不仅增强了学生的表达能力，也锻炼了他们的逻辑思维和理论应用能力。

总之，通过鼓励学生批判性地思考和评价理论，并将其应用于实际生活和个人经历的分析中，可以有效地帮助他们形成独立的思考和决策能力，这对于他们成长为具有批判精神和独立思考能力的现代公民至关重要。

（三）增强应用能力

在思政教育中，增强学生将所学知识和理论应用于现实生活的能力是极其重要的。这种能力的培养不仅帮助学生理解理论知识的实际价值，还能使他们在现实生活中遇到的各种情况下做出更为明智的决策。通过理论与实践的有效结合，学生可以更清楚地看到所学知识在现实世界中的具体应用和影响，这种能力的培养涵盖了学术学习与日常生活的多个方面。

1. 实际应用

通过在教学中融入实际案例分析，例如，分析《红楼梦》中的家庭关系和个人抉择，学生不仅可以理解复杂的人物关系和社会背景，还能学习如何在现实生活中的复杂社会网络中做出合理的决策。例如，探讨书中人物如何在家族压力和个人欲望之间平衡，可以引导学生思考在现实生活中如何处理类似的情感与责任的冲突。

2. 人际关系处理

理论知识的应用不限于课堂学习，还应该延伸到如何在日常生活中建立和维护人际关系。通过讨论名著中的人物关系和冲突解决策略，学生可以学习如何在现实中更有效地沟通和解决冲突。例如，通过探讨书中人物如何解决冲突和达成和解，学生可以获得在现实关系中应对不同个性和立场的策略。

3. 道德困境的解决

名著往往呈现了许多道德困境的情境，这些情境对于培养学生的道德判断和决策能力非常有帮助。通过分析名著中的道德选择和后果，学生能学习如何在现实生活中遇到道德困难时做出合理的判断。

4. 职场能力应用

在职场上应用批判性思维和解决问题的技巧是现代教育的重要目标之一。通过讨论名著中的策略和解决方案，教师可以帮助学生发展在职场上必需的批判性思维和创新解决问题的能力。例如，学生可以通过分析文中的战略决策，学习如何在职场中进行有效的项目管理和团队协作。

综上所述，将理论知识与实际生活相结合不仅加深了学生对文学作品的理解，也极大地提高了他们在现实生活中应用这些知识和理论的能力。这种教育方法为学生提供了一个全面发展的平台，使他们能够在学术和职业生涯中都取得成功。

整体而言，理论与实际的融合不仅使学生能够更全面地理解和吸收教育内容，还为他们提供了一个平台，通过这个平台，学生可以将学术知识转化为实际行动，从而在个人和职业生活中取得成功。

二、理论联系实际的具体方法

（一）案例分析

在将理论与实践紧密结合的教学方法中，运用经典案例分析和引入学生个人经历特别有效。例如，通过对《战争与和平》中的历史背景与当前国际关系事件的对比分析，学生能够更深入地理解战争、和平与政治权力之间的复杂动态。这种比较不仅揭示了历史与现代之间的联系，还提供了一个框架，帮助学生理解国际政治中的连续性和变化。

同时，鼓励学生分享自己在日常生活中的观察或经历，特别是那些与他们所学名著中主题相呼应的情况，如《简·爱》中展现的独立自主精神。学生可以探讨这些主题如何在他们自己的生活选择、教育追求或职业发展中体现，从而使得文学作品的主题与学生的个人成长经历相联系。这样的实践使得学生能够从个人的实际体验出发，对名著中的复杂主题有更深层次的理解和感悟。

这种结合经典文学分析与个人经验的教学方法不仅加深了学生对文学作品的理解，还极大地提高了他们利用文学视角分析和解决现实问题的能力。通过这种方式，学生可以更好地理解理论知识的实际应用，同时提高解决现实世界问题时的创造能力和批判性思维能力。这不仅是文学教育的成功，也是思政教育目标的实现，即培养学生成为既有深厚文化底蕴又能积极面对现实挑战的现代公民。

（二）情境模拟

在思政教育中，采用角色扮演和辩论赛等互动式学习方法可以极大地提升学生对理论的理解和应用。例如，通过在课堂上重现《红楼梦》中的家庭聚会场景，并让学生扮演书中的各个角色，学生可以更直观地感受到复杂的家族关系和社会等级制度是如何影响个人行为的。这种模拟活动不仅使学生们能够在实践中探索和体验文学作品的社会和文化背景，还帮助他们理解人物的心理动机和行为选择。

同时，组织学生围绕名著中的道德和社会问题进行辩论，如《1984》中关于隐私权与个人自由的问题，也是一个极好的学习方式。通过辩论赛，学生可以深入分析和讨论这些复杂问题，从而锻炼和提升他们的思辨能力和表达能力。这样的活动不仅促进了学生对文本深层次意义的理解，还激发了他们对现实世界问题的关注和批判性思考，从而更好地将理论知识应用于实际生活和未来的职业实践中。通过这种方式，学生们可以更全面地掌握文学作品的教育价值，并在现实生活中形成独立和批判性的思维方式。

（三）项目实践

在将名著的理论与现实世界结合的教学中，社会调查和社区服务两种方法尤为有效。通过组织学生进行社会调查，他们可以将名著中的抽象理论具体应用于现实问题的研究和分析。例如，学生可以在当地社区进行一项调查，探索居民对特定社会政策的看法，如隐私保护措施，然后将调查结果与《1984》中描绘的社会控制理论进行对比分析。这种方法不仅帮助学生理解理论在实际社会中的体现，还激发他们对社会问题的关注和思考。

同时，鼓励学生参与社区服务项目也是连接名著教育与实际行动的有效途径。通过参与环保项目或社会福利活动，学生可以亲身体验和反思名著中提倡的社会责任和道德价值。例如，参与社区的环保清洁活动或为弱势群体提供援助，可以让学生实践《简·爱》中提倡的自助和关爱他人的精神。这样的社区服务不仅有助于学生将名著中的道德教育付诸实践，还能培养他们的公民意识和社会责任感，使他们成为更具备同理心和责任感的社会成员。

（四）课堂讨论

在思政教育中，课堂讨论是一种极其有效的教学方法，尤其是通过主题讨论和导师指导的方式，它能极大地促进学生对名著深层次主题的理解和应用。通过围绕名著中的核心主题组织小组讨论，学生可以在一个开放和互动的环境中分享自己的观点和见解。这不仅有助于他们从多个角度理解文本，还能通过集体智慧加深对文本主题的整体理解。例如，探讨《简·爱》中的自主与依赖，或《1984》中的自由与控制，学生可以通过讨论不同的文化和历史背景，了解这些主题如何被不同时间和地点的人们理解和接受。

同时，教师的导师指导在这一过程中扮演着关键角色。教师不仅提供理论框架和背景知识，更通过引导性的问题和思考，帮助学生深入挖掘理论与现实之间的联系。这种指导确保了讨论的深度和广度，使学生不仅理解文本内容，还能将学到的知识应用于解析现实世界中的复杂问题。通过这种互动和反馈，学生可以更好地把握文本与现实生活的关联，增强自己在社会实践中的应用能力和批判性思维。

通过这些具体的方法，理论与实际的融合不仅增强了学生对文学作品的理解，而且培养了他们解决现实问题的能力，使得学习过程更加丰富和有意义。

第三节　情感态度价值观的培育方式

通过名著的阅读，学生不仅能够获得知识和信息，更重要的是，他们可以通过文学作品中的情节、人物和冲突，体验和学习复杂的人际关系和道德决策。这种教育方式利用文学的力量，深化学生对正义、勇气、同情以及社会责任等概念的理解和感受。因为这些文学作品往往涉及时间长河中普遍存在的社会问题和个人挑战，如权力的滥用、个人与社会的冲突及道德与欲望之间的拉锯战。通过与这些主题的接触，学生能够在情感上产生共鸣，从而在潜移默化中培养出更成熟的价值观。

名著阅读在培养学生的情感和价值观方面具有独特而深远的影响，它激发学生的想象力，促进情感的成熟，同时加深对社会多样性的理解和尊重。通过这些经典作品，学生不仅学习到生活技能，更重要的是，他们学会了如何成为一个有责任感和同情心的公民。

一、情感态度价值观培育的意义

情感态度和价值观的培育对于学生的全面发展至关重要。通过文学作品的阅读和分析，学生不仅能够获得知识和技能，还能在更深层次上形成对世界的理解和应对生活挑战的能力。

（一）全面发展

在教育领域中，强调情感教育对于学生全面发展的重要性是至关重要的。通过培养学生的情感态度和价值观，我们不仅帮助他们发展必要的同理心和人际理解能力，还提升他们处理复杂情感和道德困境的技巧。这些能力在现代多元化社会中尤其重要，对于构建健康的人际关系和社会交往具有深远的影响。

在这个教育过程中，名著扮演了极其重要的角色。文学作品提供了丰富的情境和角色，使学生能够在安全的学习环境中探索和体验各种情感表达和道德选择。例如，通过分析《悲惨世界》中冉阿让的救赎之旅，或《傲慢与偏见》中伊丽莎白与达西之间的误解与和解，学生可以深入理解复杂的人际动态和情感的力量。

这样的文学经历不仅促进了学生对文本的深入理解，还激发了他们对自我与他人关系的深层思考，从而更全面地理解人性的多样性和复杂性。通过这种方式，情感教育成为推动学生全面发展的桥梁，帮助他们在成长为社会的有责任感的成员时，能更加理解和尊重他人，更好地处理人际关系和社会冲突。

（二）社会责任

通过名著阅读，学生不仅能享受文学的美学价值，更能从中汲取深刻的社会、道德与哲学启示，从而建立起正确的社会责任感和价值观。文学作品如《悲惨世界》和《杀死一只知更鸟》等，通过其丰富的情节和深刻的主题，如社会正义、权力使用和个人责任等，为学生提供了理解并反思这些重要议题的窗口。例如，《悲惨世界》中描绘的贫困和社会不公问题能够激发学生对社会不平等的敏感性和关注，而《杀死一只知更鸟》中的种族平等和法律正义问题则教会学生理解和倡导公正。通过这些文学作品的引导和教师的深入讨论，学生被鼓励将书中的道德问题与现实世界联系起来，思考在自己的生活和社区中如何实践这些理念，从而在日常生活中发挥积极的社会作用，成为具有责任感的公民。这种文学与现实生活的结合不仅增强了学生对社会问题的理解，也促进了他们的个人成长和社会责任感的形成。

（三）个体成长

在思政教育中，通过名著的学习帮助学生在情感态度和价值观方面取得成长是至关重要的。名著中的复杂情节和深刻人物描写为学生提供了一个理想的框架，以增强他们的心理素质和道德判断能力。例如，通过解读《简·爱》中主人公简对自尊和独立的不懈追求，学生可以学到如何在面对生活中的压力和诱惑时，坚守个人原则和价值观。这种教育方法使得学生能够通过文学作品中的情境来模拟和预演现实生活中可能遇到的各种情感和道德困境，从而在安全的环境中进行情感识别和表达的训练。

这种通过文学作品来模拟真实生活经验的方法，不仅增强了学生的情感识别和表达能力，还显著提升了他们在现实世界中遇到复杂人际关系和道德问题时的决策能力。通过在课堂上讨论这些文学角色如何处理个人和社会的挑战，学生能够更深刻地理解自己的情感反应，并学会在现实世界中做出更为成熟和理性的选择。这样的教育过程不仅促进了学生的个人成长，也为他们将来成为理解复杂、多变社会现象的负责任的公民奠定了坚实的基础。

综上所述，通过名著阅读培养的情感态度和价值观是学生个人成长和社会发展中不可或缺的一部分。这不仅有助于他们成为情感成熟、具备高度社会责任感的个体，还为他们将来在更广泛的社会和文化背景中成功和有意义地生活奠定了基础。

二、情感态度价值观培育的具体方法

在思想政治教育中，有效地培养学生的情感态度和价值观需要采取多样化的教育方法，确保学生能从多方面接触和理解深刻的人文主题。以下是一些具体的方法。

（一）名著选读

在进行思想政治教育的过程中，精心挑选适合的经典名著至关重要。选取如《简·爱》《悲惨世界》等富含深刻情感和价值观的作品，可以极大地丰富学生的教育体验。这些名著不仅拥有复杂多维的人物和情节，还深入探讨了自由、正义、牺牲、爱等普遍主题，通过这些丰富的文学资源，学生能够对这些深刻的主题有更全面的理解和感受。

同时，选择涵盖不同文化背景和社会主题的名著同样重要，这样的阅读材料可以帮助学生理解并尊重多元价值观，扩展他们的视野。例如，通过阅读来自不同国家和文化的作品，如《千与千寻》的日本文化背景或《事物的秩序》中的拉丁美洲视角，学生可以更好地理解和欣赏全球多样性和文化差异。这种多样化的阅读选择不仅增加了学生对世界的认知，还促进了他们对不同文化和社会问题的深入思考，为他们成为具有全球视野的现代公民打下了坚实的基础。

（二）角色共情

在教育过程中，通过情感体验和共情训练的方法可以显著增强学生对文学作品的理解和人际关系的处理能力。例如，通过角色扮演和情景模拟，学生不仅可以身临其境地体验《罗密欧与朱丽叶》中主人公的激情与绝望，还可以深入感受《飘》中斯嘉丽复杂的情感世界和生存挣扎。这种活动让学生直接体验到文学人物的情绪波动和心理冲突，从而更深入地理解角色行为背后的动机和情感。

同时，共情训练通过鼓励学生从文学人物的视角考虑问题，帮助他们培养同理心和共情能力。例如，在讨论《悲惨世界》中让·瓦尔让的选择和牺牲时，学生被引导思考在类似境遇下他们会如何反应，这不仅加深了他们对人物的理解，还教会了他们如何在现实生活中更有效地理解并与他人互动。通过这种方式，学生学会了站在他人的立场上看待问题，这对于增强他们在现实生活中处理复杂人际关系的能力至关重要。这样的教学策略不仅加强了学生的文学鉴赏能力，也为他们提供了在多样化社会环境中更富有同情心和理解力的社会技能。

（三）价值观讨论

在思想政治教育中，价值观讨论扮演着核心角色，尤其是当这些讨论围绕经典文学作品的深层主题展开时。通过组织开放式讨论，教师可以引导学生深入探讨名著中提出的核心价值观问题，如正义、忠诚、牺牲与个人自由等。在这种讨论格式中，学生被鼓励自由表达自己的观点和见解，这不仅促进了思想的碰撞和观点的多样性，还有助于学生形成独立的思考和批判性分析能力。

此外，通过专门讨论文学作品中展示的价值观冲突，如《简·爱》中的个人自尊与爱情的冲突，或《白鲸》中对于复仇与宽恕的思考，学生可以学习如何在现实生活中辨析和应对价值观的冲突。这种讨论帮助学生理解不同价值观背后的道德和哲学基础，并考虑这些价值观在不同情境下的应用和后果。

综合这两种讨论方法不仅增强了学生对文学作品的深入理解，更重要的是培养了他们在复杂社会环境中进行道德判断和作出决策的能力。这样的教学活动确保学生能够在尊重多元文化和价值观的同时，也能在面对道德和价值的挑战时做出明智和合理的选择。

（四）道德反思

在教育过程中，道德反思是不可或缺的部分，尤其是通过名著中的复杂情节来引导学生深入思考。利用文学作品中的道德困境，比如《安娜·卡列尼娜》中的忠诚与情感背叛，或《飞屋环游记》中的自我牺牲与追求个人梦想的冲突，可以促使学生面对复杂的道德选择并深入考虑其可能的行动后果。这种分析不仅仅是对文本的解读，更是一种对个人和社会价值观的探讨，它迫使学生评估并思考在现实生活中可能遇到的相似情境。

此外，道德辩论是另一种重要的教学策略，它通过激发学生的道德推理和论证能力来深化道德教育。通过组织针对名著中的道德问题的辩论，如《杀死一只知更鸟》中的正义与偏见，学生不仅能够在安全的学习环境中表达和捍卫自己的观点，而且能够理解并评价不同的道德立场。这种活动鼓励学生批判性地思考，提高他们的逻辑推理能力，并帮助他们在复杂的社会现实中做出更加明智的道德判断。

通过结合道德困境分析和道德辩论，学生不仅能够增强对文学作品的理解，更重要的是，这种教学方法能够培养学生面对道德挑战时的决策能力，使他们在日常生活中成为具有高度道德觉悟的个体。这样的道德教育不仅对学生个人成长至关重要，也对培养他们成为负责任的社会成员具有深远的影响。

（五）情感表达

在思想政治教育中，情感表达的培养是不可或缺的，尤其是通过多样化的创作活动，可以显著增强学生对名著中情感和价值观的理解和体验。这种表达不仅涵盖写作，也包括各种艺术形式，让学生以全方位的方式深入文学世界。

1. 写作练习

教师要鼓励学生通过写读后感、角色信件、日记条目或扮演某个文学人物的第一人称叙述，来表达他们对名著中情感和价值观的理解。这种写作活动能够提升学生的表达能力，让他们通过自己的文字深入分析和反思文中人物的行为和情感冲突。例如，学生可以从《简·爱》的简的视角写一封信，表达她对自由和独立的渴望，或从《哈姆雷特》的哈姆雷特角度出发，探讨其内心的矛盾与挣扎。

2. 艺术创作

教师要鼓励学生通过绘画、戏剧表演、舞蹈或音乐来表达他们对名著的情感理解。这种艺术创作不仅限于视觉艺术，也可以是表演艺术，如重新编排戏剧场景或创作与书中情节或主题相关的舞蹈。通过这些多媒体的艺术形式，学生能够更生动地展现文本中的情感氛围和文化背景，同时这也帮助他们在情感上与作品建立更深的连接。

这些活动不仅加强了学生的文学理解和情感体验，还促进了他们跨学科的创造力和批判性思维的发展。通过将文学与艺术结合，学生可以在探索复杂的文学主题和人物心理时，发现更多表达自己见解的方式，进而在个人成长和学术成就上获得更全面的提升。

第四节　名著阅读与思政融合的教学方法

名著阅读在教育中的重要性体现在其能够传递历史、文化和哲学知识，同时激发学生的想象力和创造力。思政教育的目标则是培养具有正确价值观和道德观的学生，使他们成为负责任的公民。通过名著阅读，学生可以接触到多样化的人生观和世界观，这对于形成他们的个人理念和行为准则至关重要。

将名著阅读与思政教育融合的必要性和意义在于，名著中往往蕴含着深刻的人生智慧和道德问题，通过对这些作品的学习，学生可以在享受文学之美的同时，反思个人与社会的关系，以及个人在社会中的责任。这种教育方式不仅丰富了学生的知识结构，也促使他们在现实世界中实践学到的道德和价值观。

一、融合的理论基础

将名著阅读与思政教育融合的做法不仅有实践上的必要性，也有坚实的教育理论基础支持。这种融合方式以深化学生的思想认知、情感态度和价值观为核心目标，利用教育心理学和现代教育理论来加强教学效果。

（一）理论基础

在现代教育中，将建构主义学习理论和情境学习理论应用于名著阅读，对学生的认知和价值观形成具有深远的影响。这两种理论的结合为学生提供了一个更加动态和互动的学习环境，使他们能够主动参与到学习过程中，从而更深入地掌握和理解复杂的文学和社会概念。

1. 建构主义学习理论

建构主义学习理论强调知识的构建是一个主动的、动态的过程，学生通过与文本的深度互动，结合自己的生活经验和先入为主的知识，解读和理解文本中的复杂社会现象和人物性格。例如，当学生阅读《傲慢与偏见》时，他们不仅解读故事情节，而且在与自己的社会经验和观念的对话中探索关于阶级、性别和家庭的主题。这种主动的探索和思考，使学生能够形成并不断调整自己的道德观和价值观，这不仅促进了他们文学素养的提高，也加深了他们对社会和个人行为的理解。

2. 情境学习理论

情境学习理论则将学习视为一个社会参与的过程，强调知识的获得和应用应该发生在具体的社会和文化背景之中。通过将名著放置在其历史和文化的背景下进行教学，学生不仅能够理解文本中的道德和社会问题，还能将这些知识与现实世界的相似情境联系起来。例如，通过探讨《格列佛游记》中的不同社会结构，学生可以比较不同时代和文化中的政治和社会系统，这样的比较和讨论使得学习过程更加生动和实际，增强了学生对思政教育内容的吸收和应用。

综合这两种理论，学生在名著的引导下，不仅学习文学知识，而且通过文学作品中呈现的复杂人物关系和社会冲突，培养了批判性思维和深层次的道德洞察力。这种教学方法使学生在解读文学作品的同时，也在构建自己对世界的理解和回应，为他们成长为具有社会责任感的公民打下坚实的基础。

（二）目标设定

在思政教育中，明确地设定融合名著阅读与教学的具体目标是至关重要的，因为这有助于提升教育的效果和深度。

首先，通过名著阅读的融合，可以提高学生的思想道德水平。通过对文学作品中复杂的人物性格和情节的分析，学生不仅可以学到如何在复杂的现实生活情境中做出道德判断和伦理选择，还能理解各种行为背后的动机和后果。例如，分析《罪与罚》中的罗斯柯尔尼科夫面临的道德困境，可以帮助学生探讨正义与自我救赎的概念。

其次，名著阅读在提升学生的综合素质方面也发挥着重要作用。这不仅包括批判性思维的培养，还涉及情感表达和人文关怀的提升。通过对文学作品中展示的复杂社会问题和人物冲突的深入讨论，学生能够发展对不同文化和历史背景的深刻理解和尊重。这种教育方式鼓励学生思考并对现代社会的各种问题，如不平等、歧视或自由等，展开批判性的反思和讨论，进而培养他们的全球视野和社会责任感。

总体来说，融合名著阅读与思政教育的目标不仅是为了教育学生掌握书本知识，更是为了帮助他们成长为具备高度道德觉悟和社会责任感的个体。通过这样的教育模式，学生能够更好地理解复杂的人际关系和社会结构，为他们将来在多元化世界中作出贡献打下坚实的基础。

二、名著阅读与思政融合的教学方法

（一）情境教学法

在思想政治教育中，情境教学法是一种有效的教学策略，它通过将学生置于名著中的具体情境和案例中，使他们能够直观地体验和分析文学作品中的道德和社会问题。这种方法不仅提高了学生的文学理解能力，而且深化了他们对复杂社会议题的认知。

1. 案例分析

例如，在探讨《简·爱》时，教师可以引导学生分析简对自我价值的坚持，如何反映和回应了当时社会对女性的期望和限制。通过这种分析，学生不仅能够深入理解角色的心理活动，还能将这些情境与现代社会中类似的性别问题和个人权利的斗争联系起来。这种连接现实生活的讨论可以促进学生对广泛社会和道德议题的思考，如个人自由、社会正义与性别平等。

2. 角色扮演

在教学《悲惨世界》时，通过让学生扮演冉阿让或贾维尔等角色，教师可以有效地帮助学生体验这些人物面临的道德困境和心理挣扎。学生可以通过模拟这些角色在特定情境下的决策过程，如冉阿让的自我救赎与贾维尔的法律原则之间的冲突，从而更深入地探讨正义与法律、宽恕与惩罚之间的矛盾。这样的活动不仅增强了学生对文本的感情投入，也激发了他们在现实生活中对复杂道德问题的思考和判断。

这种情境教学法通过将学生直接投入名著中的情境中，使他们能够从多个角度体验和分析人物的决策与行为，从而更全面地理解文中所探讨的深层次社会和道德问题。通过这样的教学方式，学生不仅学习文学知识，而且提升了他们解决现实问题的能力，为他们将来在多样化的社会环境中做出负责任的决策打下坚实的基础。

（二）问题导向学习

在思想政治教育中，问题导向学习是一种高效的教学方法，它通过引导提问和专题讨论鼓励学生主动探索文本，并对所学内容进行深入思考。这种方法不仅增强了学生的批判性思维，还促进了他们对复杂社会和人文主题的理解。

1. 引导提问

通过设置开放性问题，教师可以引导学生在阅读名著如《1984》时，不是仅被动接受信息，而且还积极参与思考和讨论。例如，提出问题"如果你是《1984》中的温斯顿，你会如何对抗或适应极权统治？"这样的问题，不仅挑战学生站在人物的角度重新审视情境，还激发他们对自由、权力和个人决策的广泛思考。这种教学策略帮助学生发展批判性思维，鼓励他们在阅读过程中不断地提出问题和寻找答案。

2. 专题讨论

此外，围绕名著中的核心主题，如《红楼梦》中的家族命运与个人抗争的议题，组织学生进行专题讨论和辩论，是另一种强化学习效果的方法。这不仅促使学生深入分析文本中的社会和文化问题，还有助于他们理解和表达复杂的人物关系和情感动力。通过这样的讨论，学生能够锻炼和展示自己的口头表达、逻辑推理能力，并在交流中学会尊重和理解不同的观点。

这两种方法相结合，极大地提升了教学的互动性和学生的参与度，使他们能够在理解文学作品的同时，对其背后的社会、文化和道德问题有更深刻的洞察。这样的学习过程不仅丰富了学生的学术经验，也为他们未来在复杂社会中做出明智选择和决策提供了坚实的基础。

（三）跨学科融合

教师应在教育中采用跨学科融合的方法对于深化学生的理解和扩展他们的视野是极其有效的。通过将历史、哲学等学科与文学研究结合起来，学生可以获得更全面的教育体验，从而更好地理解文学作品中的复杂主题和背景。

1. 历史背景分析

在教学中引入历史学科的分析，使学生能够更深入地了解文学作品的时代背景和社会环境。例如，在探讨《简·爱》时，分析维多利亚时代的社会结构、性别角色和经济条件如何塑造了简的人生选择和社会地位。这不仅增加了对角色行动动机的理解，还让学生看到历史如何影响个人命运和社会互动。这种历史背景的深入分析可以使学生理解文本中的冲突和角色行为，并将这些知识应用于对现代社会问题的理解和评价。

2. 哲学思考

结合哲学学科来探讨名著中的伦理道德和人生哲理，可以极大地丰富学生的思考。例如，分析《兄弟》或《罪与罚》中的道德决策和个人责任，帮助学生探讨个人行为与社会道德之间的关系，以及如何在复杂的现实世界中做出道德选择。通过哲学的视角，学生能够深入理解人物的内心世界，探索自由意志、正义与罪责等概念，从而提高他们分析和批判社会与个人行为的能力。

将这些跨学科的方法结合起来，不仅促进了学生对名著的深入理解，还帮助他们在理论和实践之间建立连接，培养他们的综合思维能力。这样的教学策略为学生提供了一个多维度的学习平台，通过多角度的分析和讨论，激发学生的学习兴趣和批判性思维，为他们将来的学术研究和社会实践奠定坚实的基础。

（四）批判性思维训练

在教育过程中，批判性思维训练是不可或缺的一环，尤其是通过深入的文本解读和观点评析来实施。这种训练不仅提高学生的分析能力，还促使他们在阅读和讨论文学作品时发展更深层次的思考。

1. 文本解读

通过引导学生深入解读名著文本，教师可以帮助他们探索作者的语言选择、叙事结构和文学手法等元素。例如，在分析《大卫·科波菲尔》时，教师可以指导学生注意狄更斯如何通过复杂的叙述视角和详细的描述来描绘人物的心理和社会背景。这种深度阅读不仅帮助学生理解文本的表层意义，还使他们能够挖掘其中的隐喻、象征和主题，从而增强对文本多层次意义的理解和欣赏。

2. 观点评析

此外，组织学生对名著中的观点进行评析是另一种培养批判性思维的有效方法。通过这种活动，学生被鼓励不仅接受文本提供的信息，而且学会质疑、分析并形成自己的见解。例如，在讨论《飞鸟集》中的自由主义观点时，学生可以被引导去探讨和评价泰戈尔对自由和束缚的看法，并与其他作家或哲学观点进行比较。这种评析活动不仅促使学生深入文本，还训练他们从多角度和多维度评估和构建论证，从而提升他们的逻辑推理和表达能力。

通过这样的批判性思维训练，学生不仅能够提高文学素养，更重要的是，他们学会了如何在复杂和多变的信息中寻找证据，建立和支持自己的观点。这种能力在他们的学术生涯和未来职业中都是极为宝贵的。

第六章 教师角色与学生反应分析

第一节 教师在融合教学中的角色定位与挑战

在现代教育实践中，融合思政教育与名著阅读已成为一种有效的教学策略，旨在通过经典文学作品培养学生的价值观、道德感及社会责任感。这种教学方法不仅提升学生的文学素养，同时也加深了他们对社会和历史问题的理解和思考。

名著阅读在教育中的重要性不仅因其文学价值，更在于其深远的教育潜力。通过阅读名著，学生能够接触到跨越时空的普遍人类经验和深层社会问题，从而在享受文学之美的同时，增强对复杂世界的理解。融合教学，即将思政教育与文学教学相结合，更是一种创新的教育方法，它能使学生在情感、认知和道德判断等多个层面得到全面发展。

在这种融合教学模式中，教师的角色至关重要，但也面临诸多挑战。教师不仅需要具备深厚的文学和思政教育双重背景，还要能够灵活运用多种教学方法来激发学生的学习兴趣和批判性思维。教师在教学中要精准定位，既要作为知识的传递者，也要成为学生思考的引导者和道德成长的促进者。此外，教师还需应对学生多样化的背景和需求，调整教学策略以适应不同学生的学习态度和能力水平，确保教学内容的有效性和教学目标的实现。

通过明确教师在融合教学中的角色和面临的挑战，我们可以更好地理解并实施这一教学模式，最终实现教育的深层次目标，即通过文学教育加强学生的社会责任感、道德意识和批判性思维能力。

一、教师在融合教学中的角色定位

在将名著阅读与思政教育有效融合的过程中，教师扮演着多重关键角色，这些角色共同确保了教学目标的实现和教育价值的最大化。以下详细说明了教师在融合教学中的各种角色及其职责。

（一）知识传授者

在教育过程中，教师扮演着至关重要的角色，特别是在教授经典文学作品时。通过深入的经典解读和全面的历史背景介绍，教师能够极大地提升学生对文本的理解和欣赏。

1. 经典解读

教师在教学中需要展示高度的文学分析技能，深入探讨名著中的思想和价值观，确保学生能够理解这些作品的深层主题和教育意义。例如，分析《1984》时，教师可以深入其反乌托邦的主题，探讨个人与权力之间的关系，以及自由与控制的复杂动态。通过将文学分析与哲学和伦理视角相结合，教师可以帮助学生理解文本中的道德困境和哲学问题，从而促进他们的批判性思维和道德判断能力。

2. 历史背景介绍

此外，教师应为学生提供每部文学作品的详细历史和文化背景，这不仅包括时代背景和作者的生平，还应涵盖当时的社会政治环境。例如，在教授《骄傲与偏见》时，讲解19世纪英国的社会阶层和性别角色是理解作品中的社会批评和人物动机的关键。这种背景知识不仅增强了学生对文本的深度理解，还能帮助他们掌握文学作品如何反映并影响其时代的社会和文化。

通过这种综合方法，教师能够为学生提供一个丰富的学习环境，其中包括文学深度解析和历史背景的全面介绍。这不仅使学生能够更好地理解和欣赏文学作品，还激发了他们对更广泛社会、历史和哲学问题的兴趣和思考，为他们的全面发展提供了坚实的基础。这样的教学策略最终旨在培养学生成为具有深度思考能力和广阔视野的未来公民。

（二）引导者

在教育过程中，教师作为引导者的角色至关重要，特别是在促进学生对文学作品深度理解和批判性思维能力的培养方面。教师通过设计启发性问题和引导思维的策略，可以有效地激发学生的探索精神和独立思考能力。

在这个过程中，教师应设计一系列深入且具有挑战性的问题，这些问题不仅仅是为了测试学生对文本的记忆，而且为了推动他们超越表面的阅读，挑战已有的观念。

例如，在讨论《飞鸟集》时，教师可以提出问题如"作者是如何通过诗歌表达对自由的向往？"或"这种表达在今天的社会环境中有何现实意义？"这样的问题，鼓励学生从文化、历史和个人的角度重新评估作品，促进他们在理解文本的同时，也能将其与现代社会联系起来。

此外，通过批判性和创造性思维的练习，教师帮助学生发展独立的判断和分析能力。这包括教授学生如何建立批判性思维框架，如引导他们学习如何辨别不同信息源的可靠性，评估论据的强度，以及从多角度生成和评价自己的观点。例如，通过分析《1984》中的权力和监控主题，教师可以引导学生探讨这些主题在当前全球政治气候中的相关性，从而帮助他们不仅批判地分析文本，也能将其扩展到现实世界的应用。

通过这些引导策略，教师不仅提高了学生对文学的深层次理解，还培养了他们的综合思维能力，使他们能够在学术和个人成长上取得实质性的进步。这种教学方法使得文学不再是被动地接受知识的过程，而成为一个积极的、互动的思考和学习的场景，极大地丰富了学生的学习体验。

（三）组织者

在教育领域，教师的角色作为组织者是至关重要的，他们不仅传授知识，还需设计和执行各种教学活动，确保学生能够在动态和互动的环境中学习和成长。

1. 教学活动设计

有效的教学活动设计是教学成功的关键。通过实施情景模拟、角色扮演、小组讨论和辩论等多样化的活动，教师可以极大地增强学生的实际操作能力和团队合作精神。例如，在讨论《杀死一只知更鸟》时，通过角色扮演活动，学生可以深入体验文中角色面临的种族偏见和道德挑战，这种体验使他们能够更深刻地理解文本内容和主题。此外，通过组织模拟法庭辩论，学生可以实践批判性思维和公共演讲技能，同时加深对社会正义和道德复杂性的理解。

2. 资源整合

作为组织者，教师还需要整合各种教学资源，以丰富教学内容和提高教学效果。这不限于传统的文学作品和书本，也涵盖辅助教材、视听媒体、在线资源和实物资料等。例如，使用电影片段来增强对《大教堂》这一短篇故事视觉和情感的理解，或利用互动软件来模拟《1984》中的监控社会。这种多媒体和跨平台的资源整合不仅可以增加学习的趣味性，还提高了教学的互动性，使学生能够从不同角度和感官体验学习内容，从而更全面地吸收和理解知识。

通过这些策略，教师作为组织者能够提供一个充满挑战和激励的学习环境，促进学生的全面发展。这种教学方法不仅仅是关于知识的传递，更是关于技能的培养和个性的塑造，帮助学生为将来的学术和职业生涯做好准备。

（四）评价者

在教育过程中，教师作为评价者的角色至关重要，因为通过系统的学习评估和反馈提供，教师不仅能够监控和提高教学质量，还能够有效地促进学生的个人成长和学术发展。

1. 学习评估

进行定期的学习评估是理解学生在文学理解、思政素养及批判性思维等方面的学习效果的关键。这些评估通常包括书面作业、项目报告、口头报告、参与度和测试等多种形式，以全面覆盖学生的学习表现。例如，在文学课程中，教师可以设计分析特定文本的作业，评估学生对文学主题和人物分析的深度；在思政教育中，教师可以通过讨论和实际案例分析来测试学生的道德判断和批判性思维能力。通过这些具体的评估方法，教师能够精确了解每位学生的学习状态，识别他们的强项和提升区域。

2. 反馈提供

基于评估结果，教师应提供具体、及时的反馈和指导，帮助学生识别并强化他们的学习成就，同时指出需要改进的领域。这种反馈不仅应包括对学生作业和表现的点评，还应包括如何改进的具体建议，如更深入的研究、更扎实的论据支持或更丰富的文本分析。此外，表扬学生在学习过程中的进步也同样重要，这可以增强学生的自信心和动力，激励他们继续努力和探索。通过这样的反馈机制，学生不仅能够在学术上获得成长，也能在个人和社会能力上得到提升。

综上所述，教师作为评价者，通过精心设计的评估方法和富有洞察力的反馈提供，不仅能够提升教学效果，更能深刻影响学生的整体教育体验，帮助他们在多方面实现全面发展。这种评价和反馈过程是培养学生成为未来社会负责任成员的重要环节。

（五）榜样示范者

教师在教育过程中扮演的榜样示范者的角色对于学生的道德和价值观的形成极为关键。通过展示积极的行为和传递核心价值观，教师能够对学生产生深远的影响，促使他们发展为有责任感和有道德的个体。

1. 道德行为

教师的道德行为不局限于课堂上的教学，更包括在日常生活中的一言一行。例如，在处理学生的问题和冲突时公正无私，以及在面对学术不端行为时坚持原则，这些都是教师为学生树立道德榜样的具体表现。此外，教师可以通过分享个人经历和决策过程中的道德考量，帮助学生理解道德原则在实际生活中的应用。这种日常的道德示范不仅加深学生对道德概念的理解，还鼓励他们在面对日常生活中的挑战时，能够做出符合道德标准的决定。

2. 价值观传递

教师在教学过程中的价值观传递是通过一系列教学活动和互动来实现的。这包括在讨论复杂的文学作品或社会问题时，强调诚实、尊重和公平的重要性。例如，在探讨历史事件或文学中的道德困境时，教师不仅提供知识点，还要引导学生思考如何将这些学到的价值观应用到自己的生活和未来职业中。通过案例分析、角色扮演和开放式讨论等教学方法，教师可以有效地将正面价值观植入学生心中，同时培养他们的批判性思维和解决问题的能力。

总体而言，作为榜样示范者的教师通过自己的道德行为和教学中的价值观传递，不仅教授学术知识，还塑造学生的人格和价值观。这种影响力是深远的，有助于学生在未来的学习和生活中，成为有责任感、有同理心、能够做出道德决策的社会成员。

二、教师在融合教学中面临的挑战

融合教学模式在推动教育创新和学生全面发展方面具有重大意义。然而，这种教学方式也给教师带来了不少挑战。下面详细介绍教师在实施融合教学中可能面临的几大挑战及其应对策略。

（一）知识储备不足

在融合教学中，教师面临的一个主要挑战是跨学科知识的需求，尤其是在将名著阅读与思政教育结合时。这种教学方式要求教师不仅熟悉文学，还要涉猎历史、哲学等多个领域，以确保教学内容的深度和广度。

1. 跨学科知识要求

有效的融合教学需要教师具备广泛的知识基础，以便能够在课程中自如地结合多个学科的视角。然而，一些教师可能在某些学科领域的知识掌握不足，这可能会限制他们在教学过程中探讨相关主题的深度。例如，缺乏足够的历史背景知识可能会阻碍教师全面地解释文学作品中的历史引用或背景。

2. 持续的专业发展

为了克服这些挑战并有效地实施融合教学，教师必须致力于持续的专业发展。这可能包括参加相关的研讨会、在线课程或与同行的专业交流，以不断更新和扩充自己的知识库。通过这种持续学习，教师可以保持教学内容的时效性和相关性，同时提高自己解决复杂教学问题的能力。

这些措施不仅有助于教师更有效地结合不同学科的知识进行教学，还能提高他们应对教学挑战的能力，确保学生能够在多学科的环境中获得全面的教育体验。

（二）教学方法创新

在融合教学中，教师面临着创新教学方法和运用现代教学技术的挑战，这些都对他们的创造力和技术熟练度提出了较高要求。

1. 教学设计的创新

有效的融合教学需要教师设计多样化的教学活动，如案例分析、角色扮演、和辩论等。设计这些活动不仅需要创造性思维，还要有丰富的教学经验来确保活动既能激发学生的学习兴趣，又能有效达到教学目标。对于新手教师来说，缺乏经验可能会使他们在如何有效整合这些元素及如何平衡教学内容和学生参与度之间遇到难题。

2. 技术应用的挑战

随着教育技术的不断进步，有效地利用这些技术成为提升教学效果的重要手段。例如，使用在线学习平台可以增加学生的参与度，而虚拟现实工具可以提供沉浸式的学习体验，使复杂的学科内容更易于理解。然而，这些技术的运用并不自然而然，它要求教师不仅要学习如何操作这些工具，还需要了解如何将这些技术融入传统的教学活动中。对于那些不熟悉现代教育技术的教师，这一过程可能需要他们投入额外的时间和努力进行学习和适应。

因此，为了克服这些挑战，教师需要致力于不断提升自己的教学设计能力和技术应用技能，通过参与专业发展课程、研讨会和同行交流等方式，不断更新自己的教学方法和技术知识。这不仅能帮助教师有效地实施融合教学，还能确保学生能够在一个充满创新和互动的环境中学习和成长。

（三）学生个体差异

在教育过程中，考虑到学生在兴趣、能力和学习风格上的显著差异，教师面临着实施差异化教学策略的挑战。这要求教师采取灵活多样的教学方法，确保能够满足每位学生的独特需求并促进他们的全面发展。

1. 实施差异化教学

为了适应不同学生的学习需求，教师需要设计灵活多变的教学计划，这可能包括提供不同层次的学习材料、采用多样的教学方法，以及为不同能力的学生设置适当的学习目标。例如，对于文学兴趣浓厚的学生，教师可以深入探讨文学理论和批判性分析；而对于那些可能对文学不太感兴趣的学生，教师可以通过更具互动性和实践性的活动，如小组讨论和项目任务，来增加他们的参与度。

2. 激发学生兴趣

针对那些对思政教育或名著阅读不感兴趣的学生，教师需要开发创新的教学方法来引发他们的学习动机。这可能包括将课程内容与当代社会热点问题相联系，使学生能看到学习内容与现实世界的直接相关性。此外，利用互动技术，如在线讨论平台、视频内容和虚拟现实工具，可以使课程更加生动有趣，从而提高学生的参与感和学习效果。

通过这些策略，教师不仅能更好地满足学生的个性化学习需求，还能激发他们的学习兴趣，使所有学生都能在富有成效的学习环境中取得进步和发展。这种差异化教学和兴趣激发的结合，为实现教育的包容性和有效性提供了坚实的基础。

（四）评估与反馈

在融合教学环境中，评估与反馈是至关重要的组成部分，它们帮助确保教学活动能有效促进学生的思想道德素养和学术能力的发展。

1. 评估标准的制定

由于融合教学涉及多个学科，因此针对其效果的评估标准可能不统一。这要求教师能够开发或选择科学和合理的评估工具，以准确地衡量学生在各方面的进步。教师应考虑包括理论知识测试、学生作品的质量、参与度及反思性写作等多种评估方式，确保能全面评价学生的思想道德素养和学术表现。

2. 反馈方式的优化

为了更有效地支持学生的学习和发展，教师需要提供具体、及时且建设性的反馈。这种反馈不仅应指出学生在学习过程中的不足，更重要的是提供具体的改进建议，如提供额外的学习资源、建议学习策略或安排辅导时间。良好的反馈机制不仅能促进学生的学术成长，还能增强他们的自我评价和自我调节能力，帮助学生形成持续学习和自我完善的习惯。

通过这样的评估和反馈方法，教师能够更好地理解和支持每位学生的学习需求，从而推动他们在知识掌握和个人成长上都取得显著进步。这不仅提高了教学的有效性，也为学生的长远发展奠定了坚实的基础。

第二节　学生反应的收集与分析

通过阅读经典文学作品，学生能够接触到丰富的历史背景和深刻的人生哲理，从而在情感和思想上得到启发和提升。这些名著往往包含了深层次的道德探讨和社会批评，为学生提供了理解复杂社会现象的窗口，并促进了他们批判性思维的发展。在这个过程中，收集和分析学生对名著阅读的反应变得极其重要。这不仅帮助教师了解学生的学习成果和感受，还可以评估教学策略的有效性，从而调整和优化教学方法。通过对学生反馈的细致分析，教师可以更精确地把握学生对思政教育内容的接受程度和情感反应，进一步促进教育目标的实现。

一、学生反应收集的意义

在教育过程中，理解学生的感受和反应对于教师来说是非常重要的。这不仅有助于教师评估教学方法的有效性，还能够促进教学的持续改进和学生个人的成长。特别是在思政名著阅读这一领域，学生的反应可以提供关键的洞见，帮助教育者优化教学过程并更好地达到教育目标。

（一）教学效果评估

评估教学效果的一种有效方法是收集学生对名著阅读的直接反应。这种评估方式可以帮助教师了解学生是否充分理解并接受了教学内容。具体来说，这包括分析学生对文本中的情节、人物、和主题的理解程度，以及他们是如何把书中讨论的思想和价值观与现实世界的情境相联系的。此外，通过观察学生在课堂讨论中的参与情况，教师可以进一步了解学生对关键概念和道德观点的掌握程度。

这种反馈不仅提供了一个直观的指标来检测教学方法的有效性，还有助于教师理解哪些教学策略最为成功，以及学生在理解和吸收课堂上讨论的核心概念方面的进展。通过这些信息，教师可以调整教学计划和方法，以更好地满足学生的学习需求，确保教学活动能够有效地增进学生的知识水平和思维能力。这种评估机制是提升教学质量和学生学习成果的关键，使教育过程更加精准和高效。

（二）教学改进

教师可以根据学生的具体反馈来调整和改进教学策略，从而更好地满足学生的学习需求和兴趣。例如，如果反馈显示学生觉得某些文学作品的讨论过于抽象或难以把握，教师可以引入更多的案例分析，进行小组讨论，或使用视觉辅助材料如图表和视频，来帮助学生更清楚地理解复杂的主题。这种方法不仅简化了学生的学习过程，还能够通过不同的教学媒介激发学生的学习兴趣。

此外，教师还应考虑学生反馈来调整课堂的互动频率和形式。例如，如果学生表达了对更多互动式学习活动的需求，教师可以增加课堂上的讨论环节，引入角色扮演或模拟演练，或者利用技术工具进行实时的问答和投票。这些改变能够提高学生的课堂参与度和学习动力，使教学更具吸引力和效果。

通过这些调整，教师不仅响应了学生的学习偏好和需求，还促进了学生对学术内容的深入理解和积极参与。定期收集和分析学生反馈，然后据此优化教学方法和课堂活动，是持续改进教学质量和促进学生全面发展的重要策略。这种教学方法的灵活性和适应性有助于创造一个更加包容和有效的学习环境。

（三）学生成长跟踪

定期收集和分析学生的反馈是一个关键的过程，不仅用于评估单次课程或活动的效果，更重要的是能够追踪学生在情感态度、价值观和知识方面的长期成长。这种长期的监测机制使教师能够详细记录并观察学生在思想深度、道德感知、批判性思维能力及社会责任感等关键领域的成长和变化。

通过系统地分析这些数据，教师不仅能够及时调整教学策略以更好地满足学生的发展需求，而且可以更全面地评价整体教育活动的长远影响。例如，通过观察学生在讨论道德问题时的变化，教师可以评估思政教育的深远效果，或者通过学生对复杂文本的分析能力的提高来看教学方法的成效。

此外，这种成长跟踪还允许教师识别那些在某些领域可能需要额外支持的学生，并提供定制化的指导或资源来帮助他们克服困难，确保每位学生都能在其学术和个人发展旅程中获得成功。长期跟踪学生的成长不仅增强了教学的针对性和有效性，也加深了教师对学生个体差异和教育影响的理解，从而更好地促进了每位学生的全面发展。

通过这些方法，收集学生反应成为教师评估和改进教学实践的重要工具。它不仅加强了教师对学生学习过程的掌握，还促进了学生的主动参与和自我反思，为实现更高效和有意义的教学成果奠定了基础。

二、学生反应收集方法

为了有效评估和提高思政名著阅读的教学效果，教师需要采用多种方法收集学生的反馈。这些方法应确保能够全面、真实地反映学生的学习体验和教学活动的影响。

（一）问卷调查

问卷调查是评估学生对思政名著阅读体验的有效工具。通过精心设计的问卷，教师能够获得关于学生对课程内容、教学方法和所用教材的全面了解。

1. 设计问卷

教师在设计问卷时，应包括多项选择题和开放性问题的结合。多项选择题有助于快速获得统计数据，便于分析学生在某些问题上的普遍态度和反应。例如，可以询问学生对特定名著的喜好程度或对课堂活动的满意度。开放性问题则提供了更深层次的见解，学生可以在这里详细表达对教学内容的理解、对教学方法的看法及对教材选择的具体建议。这些答案可以揭示学生的个人感受和具体需求，为教学提供定制化改进的依据。

2. 问卷实施

为了有效地追踪学生的学习过程和成果，问卷调查应在教学的不同阶段进行，包括课程的开始、中期和结束，这样可以比较学生在不同时间点的态度和认知变化，从而评估学习进展和教学策略的效果。为确保广泛和多样的反馈，问卷应通过多种渠道分发，如电子问卷和纸质问卷，以适应不同学生的回答习惯。这种多时点、多渠道的问卷实施策略有助于收集更全面的数据，提高数据的代表性和可靠性。

通过这种系统的问卷调查，教师可以获得宝贵的反馈，这不仅有助于即时调整教学策略，也能够为长期教学改进提供依据。同时，这也鼓励学生积极参与教学评估过程，增加他们的参与感和满意度。

（二）课堂讨论

课堂讨论是提高学生参与度和理解深度的有效教学策略，尤其是在名著阅读和思政教育中。通过精心设计的讨论环节，教师能够激发学生的思考，同时收集宝贵的教学反馈。

1. 开放式讨论

定期在课堂上安排开放式讨论，鼓励学生自由表达自己对名著中情节、人物和主题的理解。这种讨论形式不仅促进了学生之间的思想交流，也使教师能够直接了解学生的思考过程和观点，从而对学生的理解和分析能力有更直观的把握。这种实时的反馈对教师来说是非常宝贵的，可以根据学生的反应和需求，即时调整教学策略，如增加某些主题的深度探讨或调整讨论的重点。

2. 焦点小组

在课堂上组织针对特定书籍或主题的焦点小组讨论，可以让学生在较小的群体中进行更集中和深入的讨论。这种格式适合处理更复杂或具争议性的主题，如名著中的道德困境或政治议题。焦点小组的讨论不仅能够提高学生的参与感，还能够使他们在安全的环境中练习批判性思维和辩论技巧。同时，教师可以通过观察和参与这些讨论，获得更深层次的见解，了解学生对特定问题的真实看法和情感反应，从而更有效地指导和调整未来的教学内容。

通过这些课堂讨论策略，教师不仅能够增强学生的学习动机和参与度，还能够通过持续的交流和反馈形成一个互动和反思的学习环境，这对于学生的长期学术成长和个人发展都是极其有益的。

（三）学生作品分析

1. 读后感

要求学生撰写读后感或心得体会，这些文本是理解学生对名著内容和教学方法感受的重要资源。通过分析这些作品，教师可以深入了解学生对材料的吸收和思考程度。此外，读后感也可以帮助教师识别教学中可能存在的问题和学生的具体需求，从而调整教学策略，提高教学质量。读后感的分析可以涵盖学生对文本的理解、感受以及对文本主题和角色的反思等多个方面。

2. 论文和项目

评估学生在论文和项目作业中的表现。这些作业不仅可以检验学生的知识掌握情况，还能够反映学生在知识应用和批判性思维方面的能力，是教学效果的重要评估数据。通过论文和项目，教师可以观察到学生对于复杂问题的分析能力和解决问题的创新方法。此外，这些作品也可以展示学生如何将理论知识与实际情境结合，以及他们在团队合作和项目管理方面的表现。通过对这些论文和项目的系统评估，教师不仅可以提供针对性的学术反馈，还可以更好地设计课程内容，以满足学生的学习需求和职业发展目标。

（四）观察与记录

在教学过程中，观察与记录学生的课堂行为和互动是一个关键的步骤，它为教师提供了评估学生参与度和教学策略有效性的直接数据。

1. 课堂观察

教师应系统地观察学生在课堂上的行为、参与和互动情况。这包括注意学生对教学内容的反应、他们在讨论中的活跃程度及他们与同学之间的互动方式。通过观察，教师可以评估学生对特定教学方法的接受程度和参与情况，如何在小组活动中协作，以及他们对讨论主题的投入和反应。这些信息对于判断课堂氛围、学生的积极性及教学策略是否符合学生需求至关重要。

2. 行为记录

在学生参与讨论、辩论、角色扮演或其他互动性活动时，详细记录他们的表现是非常有益的。记录不仅应包括学生的言语表达和论点质量，还应注意记录他们的非言语行为，如肢体语言、表情和互动的态度。这些记录有助于教师深入分析学生在群体中的行为模式、领导能力、合作精神及问题解决策略。通过这些行为记录，教师可以更好地理解学生在团队中的角色和影响力，以及他们如何影响或被群体动态所影响。

通过这些观察和记录，教师不仅能够获得关于学生行为的宝贵洞见，还能根据这些数据来调整教学方法，确保教学活动更有效地满足学生的学习需要和提高他们的课堂体验。这种细致的观察和记录方法能够显著提高教学质量，使教育过程更加精确和个性化。

（五）一对一访谈

1. 深度访谈

与学生进行一对一的深入访谈，探讨他们对阅读材料的具体理解和感受，这种方法可以获得关于学生思考和情感状态的详细信息。在深度访谈中，教师可以使用开放式问题引导学生详细地描述他们对文本的解读、在阅读过程中遇到的挑战，以及阅读后的变化。这不仅有助于教师评估学生的理解水平，还能够加深教师对学生个体差异的了解，从而提供更加个性化的教学支持。

2. 匿名访谈

进行匿名访谈，确保学生能够自由而诚实地表达他们的观点和感受，尤其是在可能存在争议的主题或敏感问题上。匿名性可以使学生在表达自己的意见时不受外界影响，更加开放和坦诚。这种访谈形式特别适用于探讨一些可能导致学生感到不适或羞于开口的话题。通过匿名访谈，教师可以获得更真实的反馈，了解学生对于教学内容的真实感受和可能的疑虑，进而调整教学方法和内容，以更好地满足学生的需求和期望。

三、学生反应分析的方法

为了全面评估思政名著阅读教学的效果，教师需要采用多种分析方法来处理收集到的学生反应数据。这些方法包括定量分析和定性分析，以及将两者结合的混合方法分析，从而确保能够深入理解学生的反应及其对教学过程的意义。

（一）定量分析

1. 统计分析

利用统计方法对问卷调查结果和其他量化数据进行分析。这包括计算平均值、百分比和标准差等，以找出学生反应的总体趋势和显著特点。此方法有助于量化学生的满意度、理解程度和参与度等关键指标。进行统计分析还可以帮助教师识别哪些教学方面是有效的，以及哪些方面可能需要改进。此外，通过对比不同时间点的数据，教师可以观察到学生表现和反应的变化趋势，从而评估教学策略的长期效果。

2. 图表展示

通过条形图、饼图和趋势线等图表工具，将统计分析结果直观地展示出来。这样不仅有助于教师快速把握学生反馈的主要趋势，也使得教育管理者和同事们能更易理解和讨论这些数据。图表的使用可以有效地将复杂的数据简化，使得非专业观众也能迅速理解关键信息。例如，条形图可以用来展示不同班级或不同学科的学生满意度比较，饼图适用于展示各种反馈类型的占比，而趋势线则有助于展示学生表现的时间序列分析。通过这些图表，教师和教育管理者可以更容易地做出基于数据的决策。

（二）定性分析

在教育评估中，定性分析是一个关键的工具，用于深入理解学生的思维方式、情感反应及对教学内容的深层次理解。这种分析方式尤其适用于揭示学生的个人观点和情感变化。

1. 文本分析

教师可以对学生的读后感、论文和访谈记录进行细致的文本分析。这一过程涉及对文本的编码和主题分析，通过这种方法，教师可以识别出学生在特定话题上的感受、理解深度及观点的演变。例如，通过分析学生对名著中复杂人物和情节的反应，教师可以了解学生对文本中道德和哲学问题的个人解读，以及这些问题如何触动学生的情感和思考。这种分析帮助教师捕捉到学生的细微感受，从而更精准地调整教学内容和方法，以回应学生的实际需求。

2. 主题归纳

通过从定性数据中归纳和总结，教师可以提炼出学生反应的主要主题和常见问题。这不仅帮助教师构建一个关于教学效果的全面视图，而且可以揭示学生在思政教育过程中的心理和价值观变化。例如，如果多数学生在讨论特定社会问题时表达了类似的担忧或见解，这可能指示了一个需要在未来教学中重点关注和进一步探讨的主题。此外，主题归纳还能揭示教学活动中的潜在改进点，如需要加强理论深度或需要更多讨论的伦理问题。

通过运用这些定性分析技术，教师能够更深入地理解学生的学习体验，识别教学过程中的成功要素和潜在障碍，从而更有效地设计和实施教学策略，以促进学生的全面发展。这些方法的应用不仅增强了教学的反思性和适应性，还提升了教育活动的整体质量和效果。

（三）混合方法分析

1. 综合分析

通过结合定量和定性分析方法，全面理解学生反应的多样性和复杂性。例如，定量数据可能显示学生对某课程的普遍满意度，而定性数据则提供了他们具体喜欢或不满意的详细理由。这种综合分析方法允许教师从宏观和微观层面解读学生的学习体验，更全面地评估教学效果。通过这种方式，可以将数值分析与实际学生体验的描述性反馈相结合，提供更深层次的洞察，帮助教师和教育管理者做出更加精准的教学调整和决策。

2. 案例分析

选取个别学生或特定小组作为案例进行深入分析，探究其反应背后的原因和影响因素。这种方法特别适用于分析那些反应极端或具有独特视角的学生，可以揭示教学方法在特定情境下的效果和可能需要改进的方面。案例分析不仅有助于识别和理解个体差异，也能够提供关于教学策略成功与否的深刻见解。通过深入探讨这些个案，教师可以了解到哪些具体行为或教学内容对学生产生了积极或负面的影响，从而为未来的教学实践提供定制化的指导和改进建议。

通过这些系统的分析方法，教师不仅能够评估和改进自己的教学实践，还能更有效地满足学生的学习需求，促进他们在思想道德教育方面的成长。这种多角度、多方法的分析策略为教育提供了强有力的支持，确保教学活动能够达到预期的教育目标。

四、学生反应分析的应用

通过对学生反应的细致分析，教师可以有效地应用这些洞见来调整和改进教学策略，确保教育活动不仅符合教学目标，而且能够适应学生的需求。这些应用包括调整教学方法、实施个性化指导，以及进行教学效果的评估。

（一）教学策略调整

通过收集和分析学生的具体反馈，教师可以有效调整教学策略，以提升教学的针对性和效果。这种调整是为了更好地满足学生的学习需求和提高课程的整体教学质量。

1. 改进教学方法

基于学生的反馈，教师可以调整教学方法，以提高学生的参与度和学习效果。例如，如果学生反映某些教学活动缺乏吸引力，教师可以采用更多互动式的教学方式，如通过游戏化学习、模拟实验或技术支持的工具（如应用程序和在线平台）来提高课堂活动的动态性和参与感。此外，根据学生的反馈，教师可以调整讲授方式，如从传统的讲授转向更多的讨论和协作学习，使课程更加生动和符合学生的学习习惯。

2. 优化课程设计

教师可以根据收集到的学生反馈对课程设计进行优化。这包括调整教学内容的深度和广度，如根据学生的吸收能力调整课程进度，或在学生表现出高度兴趣的模块中增加更多内容。例如，如果学生对某个主题特别感兴趣，教师可以增加该主题的案例研究、实地考察或客座讲座，以提供更深入的学习和探索机会。同时，引入小组讨论、项目式学习和其他形式的实践活动，不仅能增强课程内容的吸引力，还有助于学生将理论知识应用于实际问题解决中，从而增强学习的实效性和乐趣。

通过这些细致的调整，教师不仅能提高学生的学习动机和满意度，还能根据学生的实际需要和反馈优化教学策略，使教育更加个性化和有效。这种教学方法的灵活性和适应性有助于创造一个支持学生全面发展的教学环境。

（二）个性化指导

在现代教育中，考虑到学生之间的差异性，实施个性化教学策略成为提高教学效果的关键方法。这种方法注重适应每位学生的独特需求，从而优化他们的学习体验和成果。

1. 差异化教学

实施差异化教学策略，意味着根据学生个体的学习能力、兴趣和反应设计教学活动。这可能包括为不同能力层次的学生提供不同难度的学习任务，或者根据学生的学习风格提供视觉、听觉和动手操作的多样化学习材料和方法。例如，对于抽象概念的理解，一些学生可能更适合通过图表和视觉呈现来学习，而其他学生可能更倾向于通过讨论和实际操作来掌握。通过这种方式，每位学生都能在最适合自己的学习环境中得到发展，从而最大化他们的学习潜力和成效。

2. 个别辅导

对于在理解某些课程内容或主题上遇到难题的学生，提供个别辅导是一种有效的支持方式。个别辅导不仅能针对学生的具体问题提供直接的帮助和解决策略，还能增强学生的信心和学习动力。此外，通过这种一对一的教学方式，教师可以更深入地了解学生的具体需求和学习障碍，从而更精准地调整教学计划和策略。个别辅导也提供了一个机会，让教师能够建立更紧密的师生关系，这对学生的情感支持和学业成就都是极为有益的。

通过实施这些个性化指导策略，教育者不仅能够满足学生多样化的学习需求，还能促进每位学生的全面发展，确保他们在学术和个人成长上都能取得最大的成功。这种教学方法的实施有助于创造一个包容、支持和有效的学习环境，其中每个学生都能找到适合自己的成长路径。

（三）教学效果评估

1. 效果评估

定期通过分析学生的反馈来评估思政名著阅读的教学效果。这种评估帮助教师了解自己的教学策略在实际操作中的成效，以及学生的学习成果是否达到预期目标。通过分析学生在作业、考试、项目及他们的课堂参与度中的表现，教师可以获取关于教学方法效果的实际数据。此外，定期的学生评价也可以提供对教学内容的适应性和相关性的反馈，使教师能够了解哪些内容最吸引学生，哪些可能需要改进或更新。

2. 反馈机制

建立一个持续的反馈机制，确保教师能够及时了解并回应学生的需求和问题。这种机制可以是定期的问卷调查、课堂回顾或开放日，使学生能够自由表达他们的想法和感受，教师也能根据这些反馈持续调整教学方法和内容。例如，通过设置课后反馈表或在线反馈平台，学生可以在课程结束后提供即时反馈。此外，教师可以定期举行小组讨论会，让学生在非正式的环境中分享他们的观点和学习体验，这样既增加了学生的参与感，也让教师能够更深入地理解学生的需求，从而进一步优化教学设计和策略。

第三节　对教学互动的改进建议

尽管思政名著阅读在教育中占有重要地位，但它也面临着一系列挑战。随着科技的进步和学生学习习惯的变化，传统的阅读和教学方式可能不再完全适应当代学生的需求。此外，学生对于古典文学作品的兴趣可能不如现代文学或其他更互动性的学习资源。因此，提升教学互动性和吸引力成为提高思政名著阅读效果的关键。

鉴于这些挑战，本书将探讨改进教学互动的重要性，并提出一系列实用的改进建议。这些建议旨在通过增强教学互动来提高学生的参与度和学习效果，同时确保思政教育目标的实现。具体内容将包括采用现代教育技术、创新教学方法和增强学生参与的策略等，以期达到更有效的教育成果。

一、当前教学互动的现状与问题

在思政名著阅读的教学过程中，教学互动是实现教育目标的关键因素之一。然而，目前这一领域在实施互动教学时存在一些普遍问题，影响了教学的效果和学生的学习体验。

（一）现状描述

当前的思政名著阅读教学中，常见的互动方式包括传统的课堂讨论、问题解答及小组作业等。这些方法在一定程度上促进了学生的参与和理解，但仍局限于较为传统的教学框架内。虽然教师努力通过提问和讨论来引导学生深入思考，但这种互动形式往往依赖学生的主动性和课堂氛围，效果并不一致。在实际操作中，学生参与度的差异可能导致教学效果的波动，特别是在那些较为内向或不愿意发言的学生中，他们往往无法从这种互动模式中获得最大的学习效果。

此外，这种传统的互动方式可能不足以覆盖所有学生的学习风格和需求。例如，视觉或动手操作型的学习者可能会发现，仅仅通过口头讨论和文字作业难以充分理解和吸收教学内容。此外，当前的教学环境也需要更多地考虑技术的集成和多样化教学策略的运用，以适应数字化时代的教育需求和学生的多样化背景。

因此，当前的思政名著阅读教学面临着需求更新和教学方法革新的挑战，以更好地适应学生的不同学习需求和提高教学的整体效果。

（二）问题分析

1. 互动单一

当前的教学互动方式过于单一，主要依赖教师的讲授和简单的学生回应。这种单向的互动模式缺乏创新和多样性，难以适应不同学生的学习风格和需求。教师的讲授方式虽然可以传递知识，但未能充分激发学生的思维和参与热情，导致课堂氛围相对沉闷。学生在这种互动方式下，难以通过讨论和辩论等方式深刻理解学习内容，教学方法在动态性和吸引力上不足。

2. 学生参与度低

由于互动方式单一和传统，部分学生在课堂上的参与度低，尤其是那些可能不太愿意主动发言或对传统教学方法不感兴趣的学生。这种低参与度不仅影响了他们对知识的吸收和理解，也限制了他们在课堂上展示和发展的机会。尤其在名著阅读的教学中，低参与度阻碍了学生之间的思想碰撞和交流，减少了他们从名著中获得深层次理解和感悟的机会。

3. 反馈不及时

学生在课堂上或通过作业提供的反馈未能得到教师的及时采纳和回应。这种延迟或忽视反馈的情况可能导致学生感到挫败和被忽视，降低他们的学习积极性和主动性。及时的反馈不仅可以帮助学生纠正错误、巩固知识，还能增强他们的学习动力和课堂参与感，反馈的不及时严重影响了教学效果和学生的学习体验。

4. 技术应用不足

尽管现代教育技术为提升教学互动提供了广泛的可能性，如在线论坛、互动式投票系统和模拟软件等，但这些工具在思政名著阅读的教学中尚未得到充分利用。技术的不充分应用限制了互动的创新和扩展，影响了教学的现代化和效率。现代教育技术可以为课堂互动注入新的活力，通过多样化的互动手段激发学生的学习兴趣和参与热情，但目前的技术应用不足，未能充分发挥其潜力。

鉴于这些问题，教育者需要探索和实施更多元化和有效的教学互动策略，以提高学生的参与度，优化教学反馈机制，并更好地利用现代技术来丰富和激发思政名著阅读的教学过程。

二、改进教学互动的具体建议

为了提升思政名著阅读教学的互动性和学生的参与度，以下是一系列具体的建议，旨在通过多样化的互动方式、提升学生参与度、加强反馈机制，以及应用现代教育技术来实现更有效的教学过程。

（一）多样化互动方式

1. 小组讨论

定期组织学生进行小组讨论，鼓励他们在小组内分享对名著中的观点和见解。这种形式有助于学生从不同角度理解文本，促进深入学习。通过小组成员间的互动和交流，学生可以互相启发，补充彼此的见解，形成更加全面和深刻的理解。同时，小组讨论还可以提高学生的沟通能力和团队合作精神，使他们在学习过程中学会倾听和尊重他人的意见。

2. 角色扮演

通过角色扮演活动，让学生扮演名著中的关键人物，从而更深入地理解人物的心理和情节发展。这种方法不仅可以增强学生对文本的情感共鸣和理解，还可以让他们在实际表演中体验角色的复杂性和内心冲突。角色扮演可以帮助学生更生动地记忆和理解名著中的情节，并培养他们的表演和表达能力，使课堂氛围更加活跃和有趣。

3. 辩论赛

围绕名著中的争议话题组织辩论赛，培养学生的批判性思维和公开表达自己观点的能力。辩论可以激发学生的思辨能力和对文本的深层次分析，通过准备和参与辩论，学生不仅需要深入研究文本，还要学会构建有逻辑的论点和反驳对方的观点。这种互动形式不仅可以提高学生的语言表达和思维敏捷度，还可以增强他们对名著的理解和分析能力，使他们在辩论中不断成长和进步。

（二）提升学生参与度

1. 互动问答

在课堂上设置互动问答环节，通过问题激发学生的思考和参与。这种即时的互动不仅能够增加课堂的活跃度和学生的参与感，还可以帮助教师及时了解学生的理解情况和学习进度。通过提出有针对性的问题，教师可以引导学生深入思考名著中的关键情节和主题，并鼓励他们发表自己的见解和疑问，形成良好的课堂互动氛围。

2. 参与式教学

鼓励学生主动参与教学过程，如允许学生设计某一课堂的内容或提出讨论话题。这种方法可以让学生感到自己在学习过程中的重要性，从而增加他们的参与意愿。通过让学生主动选择和设计教学内容，教师可以更好地了解学生的兴趣和需求，因材施教，提升教学效果。此外，这种参与式教学还能培养学生的自主学习能力和创新思维，使他们在学习过程中更加投入和积极。

3. 奖励机制

设立奖励机制，如给予在课堂讨论中表现活跃的学生小奖励，以此激励学生积极参与课堂互动。奖励机制不仅可以增强学生的学习动机，还能营造一个积极向上的学习氛围。奖励可以是实物奖品、荣誉证书或额外的学习积分等，通过这些激励措施，教师可以有效提升学生的课堂参与度和学习积极性，使他们在互动过程中不断进步和成长。

（三）加强反馈机制

1. 及时反馈

确保教师能够及时回应学生在课堂上的提问和反馈，适时调整教学内容和方法。这种及时反馈不仅能够帮助学生更好地理解教学内容，同时也让教师能更好地把握学生的学习状态和需求，从而不断优化教学策略。教师可以通过实时的课堂互动、课后答疑时间等方式，迅速回应学生的问题和困惑，提升学生的学习效率和课堂参与感。

2. 双向交流

建立师生双向交流机制，通过多种渠道，如邮件、在线平台、课堂讨论等收集学生的意见和反馈。通过这些交流平台，学生可以随时表达自己的学习体验和建议，而教师也能在第一时间了解到学生的实际感受和需求。此外，定期举办师生座谈会或小组讨论会，能够让师生面对面交流，增强互动效果，进一步促进教学相长。

3. 改进建议采纳

定期审视和采纳学生提出的合理改进建议，实际改进教学活动，增强学生对教学过程的认同感和满意度。教师应建立一套有效的建议反馈机制，对学生提出的建议进行认真评估和分类，并将可行的建议逐步落实到教学中。这不仅有助于提高教学质量，还能增强学生的主人翁意识，使他们感受到自己的意见和建议得到了重视，进而提高学习积极性和参与度，通过反馈机制的不断完善和实施，形成良性循环，推动教学水平的持续提升。

（四）应用现代教育技术

1. 在线平台

利用在线学习平台开展互动式教学活动和讨论，提供一个虚拟的学习环境，方便学生和教师进行更灵活的交流和学习。通过在线平台，教师可以发布课程资料、布置作业和组织在线讨论，学生可以随时随地参与到学习活动中。这种方式不仅打破了传统课堂的时间和空间限制，还能促进学生间的互动和协作，提高学习效率和效果。

149

2. 多媒体资源

广泛运用多媒体资源如视频、音频和动画等，使教学内容更加生动有趣，提高学生的学习兴趣和互动性。通过多媒体资源，教师可以直观地展示名著中的情节、人物和背景，加深学生的理解和记忆。同时，多媒体教学还能激发学生的多感官参与，增强他们的学习体验和课堂参与感。

3. 实时投票和调查

在课堂上使用实时投票和调查工具，快速收集学生的反馈和意见。这种即时互动方式可以帮助教师了解学生的理解情况和观点，及时调整教学内容和方法。通过实时投票和调查，学生可以表达自己的意见和疑问，参与到课堂讨论中，增强他们的参与感和积极性。这种技术不仅提高了课堂互动的效率，还能帮助教师更好地掌握学生的学习动态，提升教学效果。

第七章　具体名著在思政教育中的应用

第一节　《红楼梦》与思政教育的融合

《红楼梦》作为中国古典文学的巅峰之作，不仅在文学史上占有举足轻重的地位，其深邃的思想内容和复杂的人物关系也使其成为研究中国传统文化和价值观的重要文本。这部作品精妙地描绘了封建社会的家族兴衰历程，通过丰富的情节和深刻的心理描写，展现了人性的多面性和社会的复杂性。

《红楼梦》由曹雪芹编著，是中国四大名著之一。它不仅以其艺术成就——细腻的情感描绘和丰富的想象力——享誉文学界，更以其深刻的社会和哲学意涵影响了无数读者。作品通过贾宝玉、林黛玉等人物的命运，探讨了爱情、人性及社会变迁，使其成为探讨中国传统道德和社会结构的重要窗口。

在思政教育领域，《红楼梦》的价值不容忽视。其丰富的思想内容和复杂的情感纠葛为讨论个人道德选择、社会责任及个体与社会的关系提供了深刻的视角。融合《红楼梦》的文学鉴赏与思政教育不仅可以增强学生的文学素养，更能深化他们对社会和历史的理解，从而培养出具有批判性思维和深厚人文情怀的现代公民。本章将探讨如何有效地将《红楼梦》融入思政教育，以及这种融合对教育实践的意义和影响。

一、《红楼梦》中的思想内涵

《红楼梦》不仅是中国文学的巨擘，它更是一部深刻揭示封建社会矛盾和人性复杂性的伟大作品。通过对贾、王、史、薛四大家族的描写，曹雪芹展示了一个广阔的社会和心理画卷，其丰富的思想内容使其成为探讨伦理道德、社会结构及人性的宝贵资源。

（一）社会现实

1. 封建制度

《红楼梦》深刻反映了封建制度的腐朽和社会矛盾，通过贾府的日常生活描绘出当时社会的等级制度和压迫性。封建礼教对人物命运的极大影响体现了个体在传统社会结构中的挣扎与无奈。作品中，贾宝玉与林黛玉的爱情悲剧，正是封建礼教的残酷体现。他们的感情受到了家族和社会的极大束缚，最终无法逃脱封建制度的桎梏。此外，贾府内部严格的等级制度、森严的上下关系，以及对女性的种种限制，都生动地刻画了封建社会的冷酷无情和对人性的扼杀。

2. 家族兴衰

作品精彩地展现了贾府及相关家族的兴衰历史，揭示了家族命运与社会大环境密切相关。从贾府的繁荣到最终的衰败，反映了封建社会中家族荣辱与政治、经济变迁的紧密联系。贾府的兴旺与其在朝中的地位息息相关，而其衰落则与政治斗争、经济衰退密不可分。通过贾府的命运，作品反映了封建大家族在复杂的社会环境中无法抵御的衰败趋势。家族内部的矛盾、外部环境的变化，以及权力斗争中的失败，都构成了贾府不可避免的命运，深刻揭示了封建社会走向没落的历史必然性。这不仅是一个家族的兴衰史，更是封建社会整体走向衰亡的缩影。

（二）人性探索

1. 人物形象

《红楼梦》中的人物形象极具复杂性和多面性。从贾宝玉的叛逆、林黛玉的多愁善感到王熙凤的精明强干，这些人物的深刻描写不仅仅展现了他们的个性，更折射出不同社会背景下的人性光影。贾宝玉的不羁和追求真情体现了对封建束缚的不满和抗争，林黛玉的敏感与脆弱则展现了一个孤独灵魂的内心挣扎，而王熙凤的聪明与狠辣则揭示了在复杂权力斗争中求生存的无奈。这些鲜活的人物形象，通过他们的言行举止和心理活动，揭示了人性中的矛盾与冲突，反映了社会阶层和道德规范对个人的影响。

2. 情感纠葛

书中通过丰富的爱情和亲情描写，探讨了人性的善与恶。情感线索复杂而细腻，如宝黛爱情的悲剧性，不仅仅是个人情感的挫折，也反映了封建礼教对个人幸福的制约。贾宝玉和林黛玉的爱情，纯真而深情，但最终因家族的干预和封建礼教的压迫而无法圆满，表现了对自由爱情的渴望和追求。而书中众多人物之间的亲情和友情，也充满了矛盾与纠葛，既有真挚的情感流露，也有背叛和冷漠。通过这些错综复杂的情感关系，小说深刻揭示了人性中的善良与恶毒、真诚与虚伪、柔情与冷酷，反映了社会环境和人际关系对人性发展的深刻影响。

（三）价值观念

1. 忠孝仁义

《红楼梦》中的许多人物都是传统儒家思想的体现，忠孝仁义贯穿全书。这些价值观的体现在一定程度上揭示了传统伦理对个体生活的影响与束缚，同时也表达了作者对这种传统价值观的批判和反思。贾宝玉对封建礼教的抗拒与质疑，林黛玉的敏感和孤傲，以及众多人物在面对家庭责任与个人情感时的挣扎，都是对忠孝仁义这一儒家核心价值的不同诠释。这些描写不仅展现了传统伦理对个体行为和思想的深刻影响，也反映了作者对封建社会制度及其道德观念的质疑和批判，提醒读者重新审视传统价值观对现代社会和个人生活的意义和影响。

2. 人生无常

全书对人生无常和命运的深刻思考，体现在诸如"满纸荒唐言，一把辛酸泪"的诗句中。这种对人生苦短和命运无常的感慨，促使读者对生命的意义和存在的价值进行深思。书中的人物命运多舛，荣华富贵与悲欢离合交织在一起，无论是贾府的兴衰，还是个人的悲剧命运，都体现了命运的无常和人生的无奈。这种对命运和人生的哲理思考，不仅增加了小说的深度和厚度，也激发了读者对生命意义的反思，促使他们在面对人生的波折和挫折时，能够以更开阔的胸怀和更积极的态度去面对和理解人生的无常。

通过这些深层次的主题和思想探索，《红楼梦》为思政教育提供了丰富的教材资源，能够引导学生进行深刻的社会认知和自我反省，增强他们的历史感和责任感。这些教学内容不仅促进学生的知识积累，更重要的是，它们激发学生的思考和道德感悟。

二、《红楼梦》在思政教育中的应用

《红楼梦》不仅是一部文学杰作，也是一部深刻的社会文化注解，其丰富的内涵在思政教育中具有重要的应用价值。以下是《红楼梦》在不同教育领域中的具体应用方法，旨在通过多维度的教学活动，培养学生的历史意识、道德观念、情感态度和文化认同。

（一）历史背景与现实反思

1. 封建社会的反思

《红楼梦》通过对封建社会的生动描绘揭示了许多社会弊端，如权力的滥用、女性地位的压迫等。通过贾府这个典型封建家庭的兴衰史，作品揭露了封建制度下的等级森严、权力斗争、腐败贪婪等现象。女性在家族和社会中受到的压迫、婚姻的被迫安排、自由意志的被剥夺，都成为学生反思封建社会黑暗面的重要线索。通过分析这些问题，学生可以更好地理解当代社会的进步与不足，激发他们对社会改革的思考。比如，他们可以反思当代社会中依然存在的性别不平等问题，探讨如何进一步推动性别平等和权利保护。

2. 社会公平与正义

贾府的兴衰不仅是命运的折射，也反映了社会公平与正义的缺失。在《红楼梦》中，贾府的兴盛与衰败不仅与家族内部的腐败和争斗有关，还与社会体制的不公正息息相关。通过探讨贾府的故事，学生可以深入了解公平与正义在维护社会稳定中的重要性。比如，家族中的权力斗争、对下层仆人的剥削，以及贾府对外界关系的处理，都体现了社会公平和正义的缺失。学生可以从中思考如何在现实生活中促进这些价值的实现，如通过完善法律制度、加强权力监督、提升社会的透明度和公正性来实现社会的公平正义。通过历史的反思，他们能够更好地理解当下社会需要解决的问题，并思考如何在未来的工作和生活中贡献自己的力量，推动社会进步和公平正义的实现。

（二）人物分析与道德教育

1. 正面人物

分析林黛玉和贾宝玉等正面人物的性格和行为，可以启示学生如何坚持自我、勇敢表达情感，并在复杂的社会关系中保持诚实和善良。林黛玉的独立和敏感，她对爱情的忠贞不渝和对生活的真诚态度，展示了如何在逆境中保持自我和追求真爱。贾宝玉的叛逆和对封建礼教的抗争，他对朋友的真诚和对生活的热爱，鼓励学生在面对社会压力时，坚持内心的信念和追求真理。通过这些正面人物的分析，学生可以学习到在复杂的社会关系中，如何保持自己的道德底线和良好的品格，成为一个诚实、善良和勇敢的人。

2. 反面人物

王熙凤、贾母等人的故事则提供了关于权力欲和道德败坏的反面教材，帮助学生识别和批判不良行为及其后果。王熙凤的心机和权力欲，她在家庭中的操控和对他人的算计，揭示了权力腐蚀人性的危险。贾母的偏心和封建思想，她对家庭成员的控制和对下人的苛刻，展示了道德败坏对家庭和社会的破坏性影响。通过对这些反面人物的分析，学生可以清晰地认识到不良行为的后果，从而提高道德判断力，增强道德意识。通过正反两面的对比，学生能够更全面地理解人性的复杂性，培养正确的道德观念和价值取向。

（三）情感教育与心理健康

1. 爱情观

通过贾宝玉与林黛玉、薛宝钗之间的情感纠葛，探讨健康与成熟的爱情观和婚姻观。贾宝玉和林黛玉的爱情故事虽然凄美，但也揭示了在封建礼教压迫下个人情感的挣扎和无奈。薛宝钗的出现进一步让这个三角关系复杂化，使得爱情和婚姻的选择变得更加艰难。通过这些情节，学生可以思考什么是真正的爱情，以及在选择伴侣时应该注重哪些品质和价值。这有助于学生形成正确的情感态度，理解和尊重他人的情感选择，避免在现实生活中因为情感问题而陷入困境。同时，学生也能从中学到如何在感情中保持自我，不被外界压力所左右，追求真正适合自己的幸福。

2. 心理健康

《红楼梦》中的人物经常面临重大的生活挑战和心理困境。林黛玉的多愁善感和贾宝玉的反叛性格，都是人物在压抑环境中产生的心理反应。通过分析他们的心理变化，学生可以学会如何面对现实生活中的挫折与困境。林黛玉因长期处于孤独和压抑的环境中，导致她性格敏感而多疑，最终因心理压力过大而早逝。贾宝玉则因不满封建制度和家族期望，表现出反叛和逃避的倾向。教师教育学生了解这些角色的心理历程，有助于他们认识到心理健康的重要性，学会在遇到困难时如何寻求帮助和自我调适。通过讨论这些案例，学生可以培养自己的抗压能力和心理调适技巧，从而更好地应对未来生活中的各种挑战，保持心理健康，过上积极而充实的生活。

（四）文化传承与创新

1. 传统文化

《红楼梦》蕴含丰富的传统文化元素，如诗词、礼仪、哲学思想等。通过学习这些内容，学生可以增强对中华文化的认识和自信，激发对传统文化的热爱和尊重。书中的诗词歌赋不仅展示了古代文人的才华和情感，更体现了中国传统文化的优雅和深厚。礼仪规范和家庭伦理反映了古代社会的道德观和价值观，通过这些细节描写，学生可以更直观地感受传统文化的魅力。学生深入理解《红楼梦》的文化内涵，能够继承中华民族的文化精髓，培养文化素养和民族自豪感。

2. 时代精神

结合现代价值观探讨如何在继承传统文化的基础上进行创新和发展，引导学生思考如何将古代智慧应用于现代社会，促进文化的持续进步和创新。传统文化中蕴含的智慧和哲理，如"仁、义、礼、智、信"的儒家思想，依然对现代社会具有重要的指导意义。通过对《红楼梦》的学习，学生可以思考如何在快速变化的现代社会中保持对传统文化的敬仰和传承，同时也能灵活运用这些古老智慧，解决当代问题。将传统文化与现代创新相结合，不仅能丰富文化内涵，还能推动文化的多样性和持续发展，引导学生在全球化背景下，既尊重和继承自己的文化，又能吸收和融合外来文化，成为具有全球视野和创新精神的新时代青年。

三、《红楼梦》与思政教育融合的教学方法

融合《红楼梦》与思政教育不仅可以提高学生的文学素养，还能深化他们对社会问题和人文价值的理解。以下是一些创新的教学方法，旨在通过多样化的教学活动，使《红楼梦》的教学更加生动、有效，并且富有启发性。

（一）情境教学法

1. 情景再现

利用角色扮演或模拟剧的形式，让学生亲身体验《红楼梦》中的情节和人物关系。通过这种情景再现，学生不仅能在课堂上重现经典场景，还能更直观地理解作品中的社会背景和人物心理。例如，在模拟贾府的日常生活中，学生可以扮演贾宝玉、林黛玉、薛宝钗等角色，体验他们在封建礼教下的各种情感和矛盾。这样的教学方式能够调动学生的积极性和参与感，使他们在互动中深入体会人物的内心世界和作品的社会意义，从而对《红楼梦》有更深刻的感悟和理解。

2. 案例分析

挑选《红楼梦》中的关键情节作为案例，深入分析其思政教育意义。通过对具体情节的详细解读，学生可以更好地把握作品所传达的社会价值观和道德理念，如探讨贾宝玉和林黛玉的爱情故事如何反映了封建社会的爱情观念，以及这些观念对个人命运的影响。教师还可以分析贾府的兴衰历史，揭示家族荣辱与社会政治、经济变迁的关系，帮助学生理解历史背景对个人和家族命运的深远影响。此外，通过对贾府内部

复杂人际关系的探讨，学生可以更好地理解权力斗争、阶级压迫等封建社会的弊病，培养他们对历史和社会问题的思辨能力。这种案例分析的方法，不仅能提高学生的阅读理解能力，还能激发他们对社会现实和历史问题的深刻思考，增强他们的社会责任感和历史使命感。

（二）互动式教学

1. 课堂讨论

定期组织学生围绕《红楼梦》的主题进行开放式讨论，如探讨书中的道德冲突、人物选择等。教师通过设置不同的讨论主题，如贾宝玉的叛逆与顺从、林黛玉的悲剧命运、封建礼教对人物的影响等，鼓励学生从各自的角度发表看法。这种互动讨论不仅可以促进学生从不同视角思考问题，还能激发他们的批判性思维和表达能力。讨论过程中，教师可以引导学生深入分析人物的心理变化和情节的发展，帮助他们更好地理解作品的内涵和作者的创作意图。此外，通过相互交流，学生可以借鉴他人的观点，丰富自己的认知和理解，形成更加全面的看法。

2. 辩论赛

围绕《红楼梦》中的争议话题，如贾宝玉和薛宝钗的婚姻是否应被视为道德的胜利，组织辩论赛。这种活动可以加强学生对作品深层次主题的理解，并锻炼他们的论证能力。在辩论赛中，学生需要查阅相关资料，准备论据，并在辩论中清晰、逻辑地表达自己的观点。同时，通过与对方辩手的交锋，学生可以学会如何应对不同意见，培养他们的辩证思维和临场反应能力。例如，针对贾宝玉和薛宝钗的婚姻，可以设定正方认为这段婚姻是家族和社会期望的实现，反方则认为它是对个人自由和爱情的牺牲。通过这种形式，学生不仅能够深入探讨《红楼梦》中的复杂主题，还能提升自己的综合素质和沟通能力。辩论赛结束后，教师可以总结双方的观点，帮助学生梳理思路，进一步深化对作品的理解和认识。

（三）跨学科融合

1. 历史与文学结合

在教学《红楼梦》时，教师可以结合具体的历史背景来分析书中的社会现象和人物命运。通过这种方式，学生不仅能学习文学，还能加深对中国封建社会结构的历史认识。书中对贾府盛衰的描写，不仅是家庭内部的故事，更是清代社会风貌的缩影。

结合历史背景，学生可以理解贾府的荣辱兴衰背后深刻的社会原因，如官僚体系的腐败、家族之间的权力斗争等。这种历史与文学的结合，使学生在欣赏文学作品的同时，也能够更深刻地认识历史，培养综合分析能力。

2. 心理学视角

教师可以利用心理学理论来分析人物的行为和动机，帮助学生更全面地理解人物的多面性和情感复杂性。例如，探讨林黛玉的内心世界如何反映出其对失去母亲的哀伤，从心理学的角度分析林黛玉的敏感、多愁善感源自童年失爱的创伤。通过这种分析，学生能够更深入地理解人物复杂的情感和心理变化，培养对人性细腻之处的洞察力。心理学视角不仅丰富了人物分析的深度，也增强了学生对心理学知识的兴趣和应用能力，使他们在理解文学作品时，能够从多学科的角度进行思考和探索。

（四）项目式学习

1. 专题研究

鼓励学生选择《红楼梦》中的一个主题或人物进行深入研究，并撰写研究报告。例如，学生可以研究书中的女性角色如林黛玉、薛宝钗、王熙凤等，分析她们在封建社会中的不同命运，探讨封建礼教和社会制度对女性的压迫。通过查阅相关资料、阅读原著、参考学术论文，学生可以从文学、历史、社会学等多角度进行深入分析，形成全面而深刻的研究报告。这样的专题研究不仅能提高学生的研究能力和写作水平，还能让他们对《红楼梦》的主题和人物有更深入的理解。

2. 社会实践

鼓励学生将书中的教育理念应用于实际，如开展关于现代社会中女性地位的社会调查，或在社区中推广传统文化的认识和保护。例如，学生可以组织和参与现代女性地位的调查活动，通过问卷、访谈等方式了解当前社会对女性的态度和实际情况，撰写调查报告并提出改进建议。此外，学生还可以在社区中举办讲座或工作坊，介绍《红楼梦》及其反映的传统文化，倡导对传统文化的认识和保护。通过这些社会实践活动，学生不仅能够将课堂所学运用于实际，提高自身的社会责任感和实践能力，还能对《红楼梦》中的教育理念有更深刻的体会和应用。这种项目式学习方式，有助于培养学生的综合素质，增强他们的社会参与意识和行动能力。

第二节 《西游记》在思政教育中的应用

《西游记》是中国古代四大名著之一，不仅以其丰富的想象力和深邃的哲理占据了中国文学的重要地位，还在中国文化中承载着深刻的象征意义和教育价值。这部作品通过描绘唐僧师徒四人取经的艰难历程，展现了道德修养、智慧与忍耐的重要性，以及面对困难与挑战时的坚持和勇气。

《西游记》由明代作家吴承恩编著，通过神话和幻想的形式，表达了深层的社会和哲学思想。作品中的主要人物如孙悟空、唐僧、猪八戒和沙僧，不仅具有鲜明的个性，而且各自代表了不同的人生观和道德观，使得这部作品在中国乃至全世界都享有极高的知名度和影响力。

在思政教育中，利用《西游记》的教育潜力具有特别的意义。教师通过对其丰富故事情节和人物性格的解读和讨论，不仅能够激发学生的阅读兴趣，还可以深化他们对道德、哲学和人生选择的理解。《西游记》中蕴含的忠诚、勇敢、智慧和正义等主题，是思政教育中不可或缺的教学资源，有助于培养学生的价值观和社会责任感。此外，探讨这些经典文化作品在当代社会中的应用，也有助于学生建立文化自信和历史意识，从而更好地理解和传承中国传统文化的精粹。

一、《西游记》的思想内涵

《西游记》不仅是一部富有想象力的古典小说，它还深刻地体现了多种核心的思想价值，这些价值观在今天的思政教育中依然具有重要的教育意义。通过对主要角色和情节的分析，可以提炼出团队合作、坚持与奋斗、善恶分明及包容与宽容等主题，这些主题不仅能够丰富学生的道德观，还能够激励他们面对挑战和困难时不屈不挠的精神。

（一）团队合作

《西游记》中，唐僧和他的三个徒弟孙悟空、猪八戒、沙僧之间的关系充分展示了团队合作的力量。尽管每个人物都有自己独特的性格和能力，但他们共同应对难关，相互扶持，共同完成取经的任务。唐僧的坚定信念、孙悟空的聪明勇敢、猪八戒的乐观幽默、沙僧的忠诚耐心，尽管他们性格迥异，但正是这种多样性让他们的团队在面对各种妖魔鬼怪和艰难险阻时能够取长补短，发挥出最大的合力。这种合作与互助的关系是成功完成困难任务的关键，也生动诠释了在团队中每个人的独特贡献如何共同成就整体的成功。

教师通过分析这些角色如何协作克服困难，教育学生认识到团队合作和集体主义精神的重要性，以及在集体活动中每个人的角色和责任。学生可以从唐僧师徒的故事中学到，团队合作不仅仅是简单的分工协作，更是每个人在团队中发挥自己优势的同时，理解和包容他人的不足，互相支持、齐心协力，共同面对挑战。这样的团队精神和协作意识，不仅能帮助学生在学术和生活中更好地融入集体、解决问题，还能培养他们的责任感和集体荣誉感，成为具备团队精神的优秀人才。

（二）坚持与奋斗

《西游记》描述的"九九八十一"难象征着人生路上的种种考验和困难。唐僧师徒四人在取经途中遭遇的种种艰险，无论是外界的妖魔鬼怪，还是内心的疑虑和恐惧，都需要他们齐心协力、坚定信念，才能克服。这种坚持不懈和勇往直前的精神，正是现代学生在面对学习和生活挑战时的重要启示。通过阅读和分析《西游记》，学生可以学会如何在困境中保持乐观和勇气，不因一时的挫折而放弃目标。唐僧的坚定信仰、孙悟空的聪明机智、猪八戒的幽默乐观和沙僧的踏实肯干，都为学生提供了宝贵的榜样，教会他们在追求梦想的道路上要有坚持不懈的毅力和团队合作的精神。

强调教育学生设定明确的目标，并教授他们如何发展坚持到底的毅力和努力追求目标的重要性。在日常学习和生活中，学生常常会面临各种诱惑和干扰，导致他们偏离原定的目标。通过学习《西游记》中的唐僧师徒如何克服重重困难，始终如一地朝着取经的目标努力，学生可以领悟到设定明确目标的重要性。教师可以通过讲述具体事例、开展目标设定工作坊等方式，帮助学生明确自己的短期和长期目标，并制订详细的计划和步骤。同时，教育学生在实现目标的过程中要具备坚韧不拔的毅力，不轻言放弃。通过定期的反思和调整，学生可以不断优化自己的行动策略，提高实现目标的效率和成功率。培养学生的目标意识和毅力，不仅能帮助他们在学业上取得优异成绩，还能为他们未来的人生发展奠定坚实的基础。

（三）善恶分明

《西游记》中，妖怪形象和取经团队的互动，展示了善恶之间的对立和斗争。这些妖怪往往代表邪恶、贪婪和狡诈，而取经团队则象征正义、坚韧和智慧。通过这些故事，学生可以学习如何辨别善恶，并增强自身的正义感。每次取经团队战胜妖怪，不仅是智慧和力量的胜利，更是正义战胜邪恶的象征。这种善恶分明的叙事方式使学生能够更清晰地理解道德概念，树立正确的价值观，并在面对现实生活中的道德困境时坚定地站在正义的一边。

孙悟空等角色的行为和选择提供了探讨道德和伦理问题的丰富材料，有助于培养学生的道德判断力和责任感。孙悟空的勇敢和正直、猪八戒的贪心与懒惰、沙僧的忠诚与忍耐，这些不同性格的角色在面对各种诱惑和挑战时，做出的选择都深刻反映了道德和伦理的复杂性。通过分析他们的行为，学生可以学到在复杂多变的环境中如何保持道德操守，做出正确的选择。孙悟空在经历了五行山的磨难后，变得更加坚定和成熟，这种成长过程也启示学生，在面对挫折和考验时要坚持正义和诚信，勇敢承担责任，最终成为更好的自己。

（四）包容与宽容

唐僧与孙悟空、猪八戒之间不时出现的矛盾和冲突，以及他们最终的和解，展示了团队协作中的包容与宽容。在《西游记》中，唐僧的坚定信念、孙悟空的勇猛果敢、猪八戒的幽默懒散、沙僧的勤劳忠诚，形成了一个多样化的团队。然而，在取经的过程中，团队成员之间常常因为个性差异和处理问题的方式不同而产生摩擦和矛盾。通过这些故事，学生可以学到在团队合作中如何处理个人差异和冲突，学会理解和包容他人的不同观点和行为。在实际生活中，学生可以运用这些经验提升自己的团队协作能力，营造一个和谐、互助的团队环境。

教育学生学习如何在社会和集体中展现宽容精神，尊重和理解不同的意见和行为，促进更和谐的人际关系。在现代社会，多样性和差异性是不可避免的。通过《西游记》中唐僧师徒彼此宽容、共同进退的故事，学生可以领悟到宽容精神的重要性。教师可以通过实际案例和互动活动，引导学生认识到每个人都有其独特的背景和观点，学会尊重和接纳他人的不同意见和行为。培养学生的宽容精神，不仅有助于他们在学业和职业生涯中更好地与他人合作，还能促进他们在社会中建立更和谐的人际关系。通过宽容和理解，学生可以成为推动社会进步和和谐的重要力量，展现出良好的道德品质和社会责任感。

二、《西游记》在思政教育中的应用

《西游记》不仅是一部文学巨作，它还蕴含着丰富的思想内涵和教育价值，使其成为思政教育中一个极具启发性的教学资源。以下是《西游记》在思政教育中的多方面应用，旨在通过历史与现实的对比、人物道德分析、情感与心理健康教育，以及文化传承与创新，全面提升学生的思想道德水平和综合素质。

（一）历史背景与现实反思

通过探讨《西游记》的创作背景——明代的社会文化环境，教师可以引导学生理解作品中反映的社会矛盾和人民期盼。《西游记》不仅是一部神话小说，还是对当时社会现实的隐喻，反映了明代社会的政治腐败、权力斗争和民生疾苦。通过分析这些背景，学生可以更好地理解书中的深层次含义和作者的创作意图。这有助于学生对比当代社会，反思现代社会问题，如权力的使用和社会的公正性。通过这种对比，学生可以培养批判性思维和社会责任感，认识到历史虽然远去，但其中的教训和经验对于理解和解决当前社会问题仍然具有重要的借鉴意义。

将取经过程中展现的坚持与勇气的精神应用到现代社会，教育学生面对生活和学习中的挑战与困难时，应如何坚持自己的目标和信念，展现出积极向上的态度。唐僧师徒四人在取经路上经历了"九九八十一难"，每一次挑战都是对他们信念和意志的考验。这种坚持不懈、勇往直前的精神，对于现代学生具有重要的启示意义。无论是在学业上遇到的困难，还是在生活中面对的挫折，学生都可以从取经团队的故事中汲取力量，学会在逆境中保持乐观，坚定信念，勇敢追求自己的梦想。这种积极向上的取经精神不仅有助于学生个人的成长和进步，也能为社会的发展和进步贡献力量。

（二）人物分析与道德教育

孙悟空的角色发展，从初出茅庐的桀骜不驯到最后成为佛门弟子的过程，是自我修养和成长的典范。教师通过分析孙悟空的转变，教育学生学习如何自我反省，不断自我提升，实现从自我中心到关注他人和社会的成长。孙悟空在取经路上经历了无数的考验和挫折，他的成长不仅表现在力量和智慧的提升，更在于心态和品格的变化。从最初的叛逆、任性到逐渐学会服从和承担责任，孙悟空的故事教会学生如何在现实生活中通过自我反省和不断努力，克服自身的缺点，成长为一个有责任感和使命感的人。

唐僧虽然常被视为弱者，但其一路上的坚持和对信仰的忠诚体现了坚韧和信念的力量。讨论唐僧的坚持可以启发学生在面对困难时保持坚定，培养正确的价值观和生活态度。唐僧的信仰和使命感，让他在面对无数的险阻和诱惑时，始终保持坚定不移的信念，不曾动摇。他的坚韧和不屈不挠的精神，是对学生如何面对生活中的挑战和困难的最好示范。通过学习唐僧的故事，学生可以理解到，在追求目标和理想的过程中，遇到的困难和挫折是不可避免的，只有保持坚定的信念和坚韧不拔的意志，才能最终实现自己的梦想和目标。

（三）情感教育与心理健康

《西游记》中的人物关系复杂，通过分析这些关系中的情感纠葛，教育学生如何在现实生活中建立健康的人际关系，处理好人与人之间的情感和利益冲突。唐僧师徒四人在取经过程中经历了无数次的矛盾和冲突，但最终都能通过理解、包容和合作来化解。例如，孙悟空的桀骜不驯与唐僧的慈悲为怀之间的冲突，猪八戒的懒惰与沙僧的勤劳形成的对比，这些都展示了不同性格和价值观的人如何在共同目标的引导下和谐共处。通过这些情节，学生可以学习到在现实生活中如何处理复杂的人际关系，懂得在情感和利益发生冲突时，如何通过沟通、妥协和合作来解决问题，建立健康、和谐的关系。

取经路上的种种挫折和挑战，为探讨如何面对心理压力提供了丰富的案例。唐僧师徒在漫长的取经之路上，面临着无数的困难和挑战，如妖魔鬼怪的袭击、恶劣的自然环境、内心的恐惧和疑惑等。这些情节为学生提供了学习应对挫折和压力的宝贵经验。通过这些案例，教育学生学习应对挫折的策略，如寻求支持、积极思考、自我调适等。例如，当唐僧被妖怪抓走时，孙悟空没有放弃，而是积极寻找解决办法，最终成功救出师父。这样的故事可以激励学生在面对生活中的挫折时保持积极的心态，不轻言放弃。同时，通过讨论这些情节，学生可以学会如何寻求他人的帮助，与朋友和家人建立支持网络，共同应对生活中的挑战。通过这些心理健康教育，学生能够更好地管理自己的情绪，增强心理韧性，从而在学习和生活中更加自信和坚强。

（四）文化传承与创新

《西游记》中蕴含丰富的传统文化元素，如佛教思想、道教文化和儒家理念。通过学习这些内容，学生可以增强对中国传统文化的了解和认同，培养文化自信。书中的佛教思想体现了慈悲为怀、因果报应的理念，道教文化强调了修身养性、追求长生不老，儒家理念则注重仁、义、礼、智、信等道德规范。通过对这些传统文化元素的深入学习，学生可以更好地理解和传承中华文化的精髓，增强文化认同感和自豪感，进一步提升自身的文化素养和精神境界。

在尊重和学习传统文化的同时，探讨如何将这些古老的智慧与现代精神相结合，实现文化的创新与发展。学生可以思考如何在现代社会中应用《西游记》中的传统文化元素，如将佛教的慈悲精神应用于公益事业，将道教的修身养性理念融入现代生活方式，将儒家的道德规范用于职业道德建设等。通过这种探索和实践，学生不仅可以传承传统文化，还能在此基础上进行创新，推动文化的现代化和多样化发展。在全球化的背景下，这种传统与现代的融合既能保持文化的独特性，又能吸收外来文化的精华，促进文化的不断进步和发展。

三、《西游记》与思政教育融合的教学方法

《西游记》作为一部深具文化价值和教育意义的古典文学作品，在思政教育中的应用可以采用多样化的教学方法，旨在增强学生的参与感，深化他们对作品内容的理解，并在此基础上提升他们的思辨能力和道德观念。以下是一些有效的教学方法，可用于将《西游记》的教学内容与思政教育目标融合。

（一）情境教学法

通过组织模拟剧或情景再现活动，让学生亲身体验《西游记》中的经典情节。这种教学方法可以让学生在模拟的环境中更深刻地理解人物性格和故事情节，从而更好地把握作品中的思想深度。例如，学生可以分别扮演唐僧、孙悟空、猪八戒和沙僧，重现他们在取经路上的种种冒险和挑战。在重现"孙悟空三打白骨精"这一经典情节时，学生可以体验孙悟空的机智和勇敢，以及唐僧的善良和信任之间的冲突，从中理解信任和怀疑、善良和智慧的辩证关系。这种情景再现不仅增加了学习的趣味性，还能加深学生对作品内涵的理解，培养他们的想象力和表现力。

选取《西游记》中的关键情节，如"孙悟空三打白骨精""唐僧被妖怪掳走"等，进行详细的案例分析。通过这些经典情节，学生可以探讨勇气、智慧、团队合作与忠诚等主题。例如，在分析"孙悟空三打白骨精"时，学生可以讨论孙悟空在面对重重考验时的机智与勇敢，以及唐僧在信任和怀疑之间的心理斗争，从而理解在困难面前如何保持智慧和勇气的重要性。在"唐僧被妖怪掳走"的情节中，学生可以探讨唐僧的坚持信念、孙悟空的救援行动，及其团队成员之间的相互信任和协作精神，从中体会团队合作和忠诚的价值。通过这种案例分析，学生不仅能够深入理解《西游记》的思想内涵，还能从中获得启示，并将其应用于实际生活中，提升自己的分析能力和解决问题的能力。

（二）互动式教学

定期组织学生围绕《西游记》中的主题进行深入讨论，如探讨孙悟空的反叛行为是否合理，其对权威的挑战是否具有正当性。这种讨论可以激发学生的批判思维和独立思考。通过这种互动，学生不仅能更深入地理解书中的情节和人物，还能培养他们的表达能力和逻辑思维。在讨论过程中，学生可以自由表达自己的观点，聆听他人的意见，学会在多角度中寻找真理，提升他们的分析和综合能力。

围绕《西游记》中的争议性话题组织辩论赛，如探讨孙悟空的道德判断和行为选择。通过辩论，学生可以更全面地理解不同观点，同时锻炼其公开表达和论证的能力。辩论赛不仅是对学生知识的考验，更是对他们逻辑思维和语言表达能力的锻炼。在辩论中，学生需要搜集资料、组织论点、反驳对方，从而在实战中提高自己的思辨能力和应变能力。这种互动式的教学方式，不仅能使课堂更加生动有趣，还能促进学生之间的交流和合作，增强他们的团队精神和集体荣誉感。

（三）跨学科融合

在教学《西游记》时，结合其创作的历史背景和当时的社会文化环境，帮助学生理解作品中反映的社会矛盾和历史变迁。通过介绍《西游记》创作时期的明代社会背景，学生可以更深入地了解作品中所体现的社会问题和文化特点。例如，可以探讨明代的政治体制、经济状况、宗教信仰及人们的日常生活，这些都对《西游记》的内容和主题产生了深远影响。通过这种历史与文学的结合，学生不仅能更好地理解作品的时代背景，还能从中看到历史的发展轨迹和社会的变迁，从而加深对作品内涵的认识，提升他们的历史知识和文学素养。

利用心理学原理分析《西游记》中人物的行为动机和心理变化，如孙悟空的孤独感、唐僧的恐惧与依赖，以及猪八戒的逃避行为，帮助学生更好地理解这些复杂的人性表现。通过心理学的角度，学生可以深入探讨角色的内心世界。如，孙悟空虽然拥有强大的力量，但由于出身孤独，他的行为中透露出对认同和归属的渴望。唐僧在面临危险时表现出的恐惧和对徒弟的依赖，可以通过依附理论来解释。猪八戒的逃避行为则反映了他的懒散和对现实压力的逃避倾向，通过心理防御机制理论可以深入分析。通过这种跨学科的学习方式，学生能够更全面地理解人物的行为和心理，提升他们对人性的洞察力和心理学知识的应用能力，增强他们在现实生活中理解和处理人际关系的能力。

(四) 项目式学习

鼓励学生选择《西游记》中的一个主题或人物进行深入研究，例如研究团队合作的力量或领导力在取经过程中的表现和影响。学生可以通过查阅资料、分析文本、采访专家等方式，深入探讨所选主题。这样的研究不仅能够培养学生的独立研究能力和批判性思维，还可以加深他们对《西游记》及其文化内涵的理解。通过专题研究，学生能够学会如何系统地收集和整理信息，提出和验证假设，最终形成自己的见解和结论。

将《西游记》中的道德教育和社会责任等概念与实际社会活动结合起来，如组织社会调查或参与社区服务项目，使学生将书本知识转化为社会实践，增强公民意识和社会责任感。例如，学生可以组织关于社区中合作与互助精神的调查，或参与环境保护、公益活动，体验并实践《西游记》中传递的道德观念和价值观。在这个过程中，学生不仅能够将所学知识应用于实际，还能培养他们的实践能力和社会责任感，增强他们对社会的认知和理解，成为更有责任感和行动力的公民。

第三节　其他名著的思政教育实践探索

在当代教育中，思政名著阅读不仅是文学教育的一个重要组成部分，更是思想政治教育的重要载体。通过经典文学作品，学生不仅能够学习到丰富的历史文化知识，还能深入探讨与现实生活紧密相关的道德和哲学问题，这对于培养学生的价值观、提升其思辨能力具有不可替代的作用。通过分析不同文学作品中的思想内涵和教育价值，本节旨在揭示教师如何有效地利用这些名著在思政教育中对学生进行道德教育、培养批判性思维及促进学生的全面发展。通过具体的教学实例和方法论的探讨，本节将展示如何将传统文学资源转化为现代教育实践中的有力工具，以增强学生的社会责任感和历史使命感。

一、《三国演义》的思政教育实践探索

《三国演义》作为中国古代四大名著之一，不仅是文学宝库中的瑰宝，也是思政教育的丰富资源。通过对《三国演义》的阅读与探讨，我们可以深刻挖掘其中的历史智慧、道德价值和爱国精神，帮助学生在理解历史、感悟人生的过程中，树立正确的

价值观和人生观。以下是《三国演义》在思政教育实践中的具体探索。

《三国演义》中塑造了许多鲜明的英雄人物，如忠诚的关羽、智勇双全的诸葛亮、仁义的刘备等。这些人物形象不仅是文学艺术的瑰宝，也是道德教育的重要素材。通过分析这些英雄人物的性格和行为，学生可以从中学习到忠诚、勇敢、智慧和仁义等传统美德。例如，关羽的忠义精神可以激发学生对忠诚和诚信的理解，鼓励他们在生活和学习中坚守道德准则，做一个正直、有担当的人。

《三国演义》描写了大量历史事件，如赤壁之战、官渡之战等，这些事件不仅展示了三国时期的战争策略和政治斗争，也反映了人性和社会的复杂性。通过对这些历史事件的分析，学生可以对历史进行深刻的反思，理解历史对现实的启示。例如，赤壁之战中的智慧与谋略、官渡之战中的决策与勇气，都可以作为学生思考现实问题的参考，从历史中汲取智慧，应用到现代社会的发展和进步中。

《三国演义》中的许多情节都展示了团队合作和领导力的重要性。例如，刘备、关羽、张飞三兄弟的情谊和合作精神，诸葛亮作为军师的领导智慧，都为现代团队建设和领导力培养提供了宝贵的借鉴。通过学习这些情节，学生可以认识到团队合作的重要性，理解如何在团队中发挥个人优势，如何在集体中相互支持、共同进步。此外，通过对诸葛亮等领导人物的分析，学生可以学习到如何在复杂的环境中做出正确的决策，如何领导团队走向成功。

《三国演义》中的许多故事都充满了家国情怀和爱国主义精神。例如，诸葛亮的鞠躬尽瘁、死而后已，曹操的雄才大略和一统天下的抱负，都是对家国情怀的深刻体现。通过对这些故事的学习，学生可以感受到历史人物的爱国情怀，理解他们为国家和民族所做的贡献，激发学生的爱国热情和民族自豪感。在现代思政教育中，这种家国情怀的培养尤为重要，它能够增强学生的社会责任感和使命感，鼓励他们为国家和社会的发展贡献自己的力量。

《三国演义》不仅是文学作品，也是历史和军事的经典教材。通过跨学科的融合教育，可以使学生对《三国演义》有更加全面和深入的理解。例如，在历史课上，可以结合《三国演义》中的历史事件进行讲解，使学生在学习历史知识的同时，感受到文学的魅力；在军事课上，可以分析《三国演义》中的战争策略和兵法，培养学生的战略思维和决策能力。通过这种跨学科的融合教育，学生不仅能够提高综合素质，还能激发他们的学习兴趣和创新能力。

《三国演义》作为中国古代经典名著，不仅具有丰富的文学价值，也蕴含着深刻的思政教育意义。通过对《三国演义》的阅读和探讨，可以帮助学生树立正确的价值观和人生观，培养他们的道德品质、团队合作精神和家国情怀。在新时代的思政教育实践中，充分利用经典名著的教育资源，将传统文化与现代教育相结合，能够为学生的全面发展提供更加丰富和多样的学习内容。

二、《平凡的世界》

《平凡的世界》是路遥的经典作品，以其细腻的笔触和深刻的洞察力展现了 20 世纪 70 年代到 80 年代中国社会的变迁。作品通过孙少安、孙少平兄弟两人的奋斗历程，反映了当时普通中国人民的生活状况和内心世界。通过阅读和分析这部作品，学生可以更好地了解中国改革开放前后的社会背景，体会时代精神。这不仅有助于增强他们对历史的认知，还能激发他们的爱国情怀和社会责任感。

《平凡的世界》中，孙少安和孙少平兄弟始终不懈地追求自己的理想，尽管他们面临着巨大的困难和挑战。孙少安在农村艰苦创业，努力改变家乡的贫困面貌；孙少平则不断追求知识和个人成长，力求在大城市中立足。这些故事体现了艰苦奋斗、百折不挠的精神，激励学生在面对生活和学业中的困难时坚持理想，勇于奋斗。通过这些人物的榜样作用，学生可以树立正确的人生观和价值观，培养坚韧不拔的毅力和积极向上的精神风貌。

《平凡的世界》中，复杂而真实的人际关系是作品的重要组成部分。孙少安与田润叶的情感纠葛、孙少平与田晓霞的深厚感情，以及兄弟之间的手足情谊，都展现了人在面对爱情、友情、亲情时的各种选择和道德考验。通过这些故事情节，学生可以学习如何在现实生活中处理人际关系，理解并尊重他人的情感和选择，提升自身的道德修养。特别是作品中对友情和亲情的描写，可以引导学生更加重视家庭和友谊，培养他们的责任感和同理心。

作品中，孙少安和孙少平不仅关注自己的前途和命运，还积极参与到社会的建设和改革中。孙少安作为村里的带头人，努力推动农村经济的发展，改善村民的生活条件；孙少平则以自己的实际行动践行着对社会的责任，追求更大的社会正义。通过这些人物形象，学生可以认识到个体与社会的密切关系，增强他们的社会责任感和公民意识，教育学生不仅要关心个人的成长和成就，还要积极参与社会建设，为社会的进步贡献自己的力量。

《平凡的世界》中，人物在面对生活的种种挑战时始终保持乐观向上的态度。无论是贫困的压迫、爱情的波折，还是事业的挫折，他们都能以积极的心态去面对和解决问题。这种积极的生活态度对现代学生具有重要的启示作用。通过分析人物的心理变化和应对方式，教育学生在遇到困难时要保持积极的心态，学会调节情绪和压力，培养他们的心理健康和应对挫折的能力。

教师通过《平凡的世界》的思政教育实践探索，可以帮助学生在名著阅读中获得更深层次的教育意义。作品中的历史背景、人生理想、人际关系、社会责任和心理健康等方面的内容，为学生提供了丰富的思政教育资源。通过这些内容的学习和讨论，学生不仅能提高文学素养，还能在思想道德和综合素质上得到全面提升，为他们的成长和发展奠定坚实的基础。

三、《悲惨世界》

围绕名著《悲惨世界》进行思政教育，是一种深入探索人性、社会和法律正义的有效方式。通过这部作品，我们可以引导学生理解历史背景、社会矛盾及个人与社会的关系，从而培养他们的历史责任感和社会责任感。

《悲惨世界》通过主人公让·瓦尔让的一生，展示了个人命运与社会环境的紧密关联。让·瓦尔让因为偷窃面包而被判处苛刻的刑罚，这一设定便引发了对法律公正与人道主义的深刻思考。在思政教育中，教师可以引导学生讨论：在极度贫困和社会不公的环境下，个人应如何在遵守法律与满足基本生存之间找到平衡？

通过分析小说中的其他重要人物，如冉阿让、夏娃、贾维尔等，学生可以学习到不同的社会理念和个人选择对社会的影响。例如，贾维尔作为法律的执行者，他的生活轨迹和最终的悲剧，可以成为讨论法律与道德、刚性与柔性之间关系的绝佳案例。

通过《悲惨世界》这部作品，我们还可以让学生认识到历史的进程是由广大民众，特别是底层人民的生活改善推动的。小说中的巴黎街头战斗，反映了人民对于更公正社会制度的渴望。这为思政课提供了一个探讨人民在历史发展中角色的平台。

通过对名著的学习，我们不仅仅是了解文本内容，更重要的是要将其与当代实际相结合，思考在当前的政治、经济背景下如何吸取历史教训，促进社会正义和个人发展。《悲惨世界》提供了丰富的资源，帮助学生形成批判性思维和深刻的社会洞察力。

综上所述，围绕《悲惨世界》的思政教育实践是一种富有成效的教学策略，它不仅能增强学生的文学素养，还能深化他们对社会公正、法律与道德等复杂问题的理解。通过这种方式，我们不仅传授知识，还要培养具有历史使命感和社会责任感的未来公民。

四、《富兰克林自传》的思政教育实践探索

《富兰克林自传》不仅是一部展示本杰明·富兰克林个人生活和成就的作品，同时也是一本充满启示与智慧的书籍，对于思政教育具有深远的实践意义。通过对富兰克林一生的回顾，我们可以从中提炼出许多有助于个人发展和社会进步的教育价值。

富兰克林的自律精神和不懈追求是极为宝贵的思政教育资源。富兰克林制订了详尽的生活规划和道德完善计划，通过自我监督和持续改进，努力使自己成为一个道德高尚、智慧丰富的人。在思政教育中，教师要引导学生学习富兰克林的自律精神，激励他们设立个人目标，培养自我管理能力，这对于学生形成良好的个人品质和职业道德具有重要作用。

富兰克林的终身学习态度也值得我们借鉴。他对知识的渴望无所不包，从政治、经济到科学技术，无一领域不涉猎。这种学习精神体现了终身教育的理念，对当前强调创新和综合能力的教育环境尤为合适。通过将富兰克林的学习态度融入思政教育，可以激励学生保持好奇心和探索精神，适应快速变化的社会和职业需求。

富兰克林的社会参与和公民责任感也是思政教育中的重要内容。富兰克林不仅是一位科学家和政治家，更是一位社会活动家，他在公共事务中的积极参与展示了公民应有的责任感和社会承担。在教育中引入富兰克林的这些实践，可以培养学生的社会责任感和公民意识，促进他们成为积极参与社会发展的一员。

富兰克林的人文关怀精神和推广公共利益的行动为思政教育提供了丰富的教学素材。他推动的公共图书馆和消防队等社会事业，都是出于对社会大众利益的深刻关怀。教师通过案例分析富兰克林在这些领域的贡献，不仅可以教育学生如何关注社会公益，还能够激发他们的奉献精神。

教师通过这些角度深入探讨《富兰克林自传》的思政教育实践，不仅能够帮助学生理解和欣赏这位伟大人物的一生，更能在此基础上培养他们成为具有社会责任感、终身学习能力和自我提升意愿的现代公民。

参考文献

[1] 周文彰. 思政教育二十讲[M]. 北京:大有书局, 2023.

[2] 王蓉霞. 融合思政教育视域下社会主义核心价值观培育践行研究[M]. 成都: 四川大学出版社, 2021.

[3] 张浩. 国际中文本科教育课程思政研究[M]. 北京:北京理工大学出版社, 2023.

[4] 李风啸. 新时代数字化与高校思政教育的深度融合[M]. 北京:中国纺织出版社, 2022.

[5] 李君霞, 龙黎. 大学生思政教育教学实践与改革研究[M]. 长春:吉林大学出版社, 2023.

[6] 张建彬. 新时代大学生思政教育工作理论研究[M]. 长春:吉林大学出版社, 2023.

[7] 张雪霞, 李娟, 崔冬雪. 网络时代高校思政教育教学创新实践探索[M]. 北京:中国纺织出版社, 2023.

[8] 同济大学本科生院, 同济大学高等教育研究所. 同济教育研究 思政教育与高教发展[M]. 上海:同济大学出版社, 2020.

[9] 陈金平. 多媒体时代高校的思政教育研究[M]. 北京:北京工业大学出版社, 2020.

[10] 寇进. 全媒体环境下高校思政教育创新研究[M]. 延吉:延边大学出版社, 2022.

[11] 韩晨泽. 高校网络思政教育平台的构建及其应用研究[M]. 沈阳:辽宁人民出版社, 2022.

[12] 马静雅, 王琪, 任超. 新时代大学生思政教育研究[M]. 武汉:湖北科学技术出版社, 2020.

[13] 李盛基, 曾水英. 新时代高校课程思政教育的影响因素及引导策略[M]. 哈尔滨:哈尔滨工程大学出版社, 2022.

[14] 钟燕．新媒体视野下大学生思政教育创新探索[M]．天津：天津人民出版社，2022.

[15] 王静．全球治理人才培养背景下的思政教育体系建设[M]．北京：中国商务出版社，2021.

[16] 李娟．全媒体环境下高校思政教育改革创新研究[M]．北京：北京工业大学出版社，2020.

[17] 郭奇．新媒体视角下大学生思政教育创新探索[M]．长春：北方妇女儿童出版社，2021.

[18] 刘珺，彭艳娟，张立军．社会主义核心价值观与高校思政教育工作理论创新研究[M]．北京：新华出版社，2022.

[19] 杨如恒．新时代大学生思政教育[M]．石家庄：河北人民出版社，2018.

[20] 叶勇，康亮．新时代高职院校工科专业课程思政教育探索[M]．成都：西南交通大学出版社，2019.

[21] 刘经纬，唐雪涵，杨建栋，张纯．创新创业+课程思政教育模式研究：以国家发明专利撰写教学为例[M]．北京：首都经济贸易大学出版社，2021.

[22] 田俊杰，刘涛．高校网络舆情管理与思政教育创新：基于网络身份隐匿视角的研究[M]．杭州：浙江大学出版社，2020.

[23] 曾洁．"互联网+"背景下高校思政教育模式探究[M]．广州：世界图书出版有限公司，2017.

[24] 李程．传统文化精神与大学生思政教育[M]．北京：光明日报出版社，2013.

[25] 杨章钦，徐章海著．思政理论课教学改革与大学生思政教育互动研究[M]．上海：上海财经大学出版社，2017.

[26] 周乐成，陈艳波．哲学教育与课程思政[M]．贵阳：贵州大学出版社，2022.

[27] 周杰，龙汶．外语教育与课程思政[M]．贵阳：贵州大学出版社，2022.

[28] 严璨．课程思政视域下的哲学教育[M]．武汉：武汉大学出版社，2023.

[29] 杨春平，黄苹．职业教育课程思政类型特色论[M]．重庆：重庆大学出版社，2023.

[30] 侯丹娟．中国新时代教育文库 高校课程思政建设研究[M]．北京：中国经济出版社，2023.

［31］浙江省高职院校党建研究会．高等职业教育党建与思政工作研究 2021 年专辑
　　　［M］．杭州：浙江工商大学出版社，2022.

［32］高秀萍．基础教育阶段学科教学课程思政的探究［M］．沈阳：东北大学出版
　　　社，2021.

［33］李华，李欣．铸魂育人:思政教学与生涯教育融合课例［M］．福州：福建教育出版
　　　社，2021.